Sven Hansel
Büttenreden

Sven Hansel

Büttenreden

Witzige Reden für die 5. Jahreszeit

Tipps für gelungene Vorträge

Bibliografische Information der Deutschen Nationalbibliothek

Die Deutsche Nationalbibliothek verzeichnet diese Publikation in der Deutschen Nationalbibliografie; detaillierte bibliografische Daten sind im Internet über http://dnb.ddb.de abrufbar.

ISBN 978-3-86910-009-8

Originalausgabe

© 2009, 2011 humboldt
Ein Imprint der Schlüterschen Verlagsgesellschaft mbH & Co. KG,
Hans-Böckler-Allee 7, 30173 Hannover
www.schluetersche.de
www.humboldt.de

Lektorat: Eckhard Schwettmann, Gernsbach
Covergestaltung: DSP Zeitgeist GmbH, Ettlingen
Innengestaltung: akuSatz Andrea Kunkel, Stuttgart
Titelfoto: Image Source/getty
Satz: PER Medien+Marketing GmbH, Braunschweig
Druck: Grafisches Centrum Cuno GmbH & Co. KG, Calbe

Hergestellt in Deutschland.
Gedruckt auf Papier aus nachhaltiger Forstwirtschaft.

Inhalt

Vorwort

„Gar dämlich zieht die Stirne finster kraus
Der Griesgram bei dem fröhlichen Gepränge:
Prinz Carneval macht einfach sich nichts draus
Sein Witz treibt stets den Griesgram in die Enge."

Bereits im Jahr 1879 schrieb ein unbekannter Karnevalsfreund dem Präsidenten der Kölner Großen Carnevals-Gesellschaft August Wilcke diesen Sinnspruch. Eine absolut zeitlose Äußerung.

Nichtsdestotrotz muss sich der vermeintlich locker-beschwingte Sitzungskarneval verstärkt einer neuen Qualitätskontrolle unterziehen. Denn humorige Beiträge sind, besonders durch den Comedy-Boom, schwer unter Konkurrenzdruck geraten. Darüber hinaus entziehen sich junge Menschen den alteingesessenen Strukturen des organisierten Frohsinns, können mit dem altväterlichen Humor mancher Redner nichts mehr anfangen und sehnen sich nach frischen Ideen.

Glücklicherweise gibt es aber neue Talente, die genau diesen Wünschen entsprechen. Diese Künstler arbeiten hart an sich, sprühen vor Witz und Esprit und verleihen damit dem Faschingsvergnügen neuen Schwung.

Sie überzeugen nicht nur durch den Inhalt ihrer Witze, sondern vor allem auch durch die Art und Weise ihres Vortrags. Kein Wunder, spätestens seit dem gigantischen Erfolg der Clownerien eines Helge Schneiders weiß man, wie wichtig die Präsentation eines Vortrags ist.

Diesen „Begleitumständen" widmet sich dieses Buch. Hier finden Sie – neben vielen Redebeispielen – auch Tipps & Tricks von echten Profis für eine ansprechende Büttenrede. Was Kardinaltugenden eines guten Büttenredners sind, wie man eine Rede aufbaut oder auch welches Versmaß am besten wirkt. So erwerben Sie das Rüstzeug für einen spaßigen Vortrag, der Ihnen und – was noch viel wichtiger ist – auch Ihrem Publikum Freude bereitet. Ich hoffe, Sie bekommen bei der Lektüre nützliche Anregungen, die Sie dann, sei es beim Betriebsfest, beim Sportverein oder gar im Karneval, weiterbringen. Und nicht vergessen: Ob Karneval oder nicht – Lachen kommt immer vom Herzen.

In diesem Sinne: Viel Spaß, Alaaf & Helau
Ihr Sven Hansel

Der Autor dankt besonders seinem Co-Autor und fleißigen Rechercheur Edgar Schnicke.

Zudem herzlichen Dank an: Willi Armbröster, Karl Heinz Franko, Marc Metzger, Marita Dohmen vom Festkomitee Kölner Karneval, Bernd Händel, Achim Wagenknecht für die Unterstützung beim Reimkapitel, Jürgen Hilger-Höltgen, Jürgen Beckers, Reinold Louis, Fritz Schopps, Kurt Freischläger und Oliver Kalkofe.

Geschichte des Karnevals und der Büttenrede

Karneval – oder die kirchliche Erlaubnis, gleich zweierlei Arten von Fleisch zu genießen

Karneval, Fasching oder beispielsweise Fasnet, kurz: all die lustigen Feste und Bräuche, die wir heute feiern, lassen sich in vier Zeitabschnitte teilen: vom Beginn des Karnevals (wahrscheinlich im 13. Jahrhundert) bis zum Ende der französischen Besatzung und der Entstehung der zahlreichen Komitees etwa Anfang bis Mitte des 19. Jahrhunderts. Die zweite Phase dauert bis in die Zeit der Nazi-Diktatur. Die dritte Periode beginnt etwa in den 50er-Jahren und dauert bis zum Karnevals- und Comedyboom der Neunziger. Und die vierte, wahrscheinlich spannendste Phase, erleben wir gerade jetzt. Insofern als sich entscheiden wird, ob der traditionelle Karneval mit seinen Rednern überhaupt überleben wird oder ob er endgültig den sogenannten Comedians Platz machen muss, die den Sinn ihres Auftritts eher in Spontaneität, Improvisation und Clownerie denn in Rednerkunst sehen.

Den ersten schriftlichen Nachweis eines „Vasnacht"-Festes findet die Historikerin Christina Frohn im *Parzival*-Epos Wolframs von Eschenbach (1206): Im 8. Buch kommt die Königin dem Ritter Gâwân im Kampf zu Hilfe, und es heißt, dass sie wie ein Ritter gekämpft habe: „Selbst die Krämerfrauen von Dollnstein kämpften an **Fastnacht** nicht so gut!" Anhand des Kontextes schätzt die Autorin zudem, dass das karnevalistische Treiben bereits seit geraumer Zeit derart ausgeübt wurde.

Schaut man jedoch hinter die Fassade der Begrifflichkeiten, dann wird deutlich, dass es an Klarheit mangelt. Dass sich „Fastnacht" von „faseln" ableitet, ist demnach ebenso ein (Karnevals-)Witz wie auch die Herleitung des Karnevalsbegriffes aus römischer Zeit, so wie ihn sich das Festkomitee Kölner Karneval stolz zu eigen macht: „Die Römer veranstalteten an diesem Tag (gemeint ist das Fest der Saturnalien Mitte Dezember) auch einen Umzug, in dem hier in Köln ein Schiffskarren mitgeführt wurde, der *carrus navalis*. Von diesem kultischen Schiffskarren leitet sich vermutlich das Wort Karneval ab. Dieser Schiffskarren war ein kunstvoll gezimmertes Schiff, das auf einem Wagen gezogen wurde. Es war in grellbunten Farben bemalt, und es wurden Figuren der Göttinnen Isis und Nerthus darauf mitgeführt." Christina Frohn und andere Wissenschaftler weisen jedoch darauf hin, dass in den antiken Quellen lediglich von „navis" (Schiff) gesprochen wird, aber niemals jedoch von „carrus navalis".

Sicher scheint hingegen die Verbindung zu christlichen Fastenriten zu sein. Demnach stammt der Begriff „Karneval" aus Italien und leitet sich aus dem kirchenlateinischen „carnislevamen" („Wegnahme des Fleisches") ab. Dabei ist der Fleischverzicht ab Aschermittwoch nicht nur im Sinne des eigentlichen Verzehrs zu verstehen, sondern der Karnevalist soll dann auch seine weiteren fleischlichen Bedürfnisse im Zaum halten. Dies erklärt vielleicht auch, warum manche Zeitgenossen das Karnevalsfest immer noch auf zwei Dinge reduzieren: Sex und Saufen. Nun ja, die Tradition gibt ihnen leider recht, denn die Kirche ließ es ausdrücklich zu – und förderte gar –, dass die Faschingszeit als Ventil diente. Spaß auf Absolutionsbasis sozusagen.

Beginn der Büttenreden – der Obrigkeit einen einschenken

Diese kirchlich geförderte Zerstreuung beschränkte sich aber nicht auf die Duldung exzessiven Alkoholgenusses und ausgiebigen Liebesspiels. Sondern auch in Richtung Obrigkeit durften die Jecken einmal nach Lust und Laune Dampf ablassen. Zwar gibt es auch hier Quellen, die erste Büttenreden bereits Ende des Mittelalters ausgemacht haben wollen, aber das scheint doch arg verfrüht.

Gesichert ist vielmehr, dass das Ende der französischen Herrschaft zum Anlass diente, den verhassten Besatzern mit Witz und Spott eins überzubraten. Und hier haben die Kölschen offensichtlich in der Tat die Nase vorn gehabt.

So kommentiert die Historikerin Hildegard Borg: „Rechtzeitig zur Fastnachtszeit 1814 erschienen mehrere Schriften, die das Ende der französischen Präsenz in Köln spöttisch analysierten. In diesen Texten, einer Vorform der heutigen Büttenreden, ließen die anonymen Verfasser ordentlich Dampf ab. Die Autoren hatten nur auf diesen Augenblick gewartet, um nach Jahren der Zensur endlich wieder die Druckerpressen in Gang setzen zu können.

„Loht good syn Gevatter, seh syn jo no fott,
    (fott, kölsch für weg)
Ich wohr selver jo bahl ens vor Aerger kapott. …
Den vierzehnten Jänner werd ich nimmer vergessen.
Se ginken, als het e'nen Hunk se gebessen!"

Schluss mit „lustig"! –
Die festordnenden Komitees greifen ein

Rotzfrech, wie sie waren, nahmen die Jecken aber anstatt des kleinen Fingers gleich die ganze Hand, soffen, randalierten und kannten offensichtlich keine Grenzen. Kurz gesagt, war der Karneval zu Beginn des 19. Jahrhundert eine Angelegenheit des – heute würde man sagen – Prekariats. Sehr zum Leidwesen der preußisch geprägten, intoleranten Zeit, aber auch zur Empörung einiger rechtschaffener Karnevalisten. Diese sehnten sich – und hier klärt sich ein großes Missverständnis – wieder nach einer Art Karneval für alle gesellschaftlichen Schichten und gründeten vielerorts Komitees, die dem zügellosen Treiben Einhalt gebieten sollten. Der Ordnungsbegriff lässt sich hier also auch positiv deuten. Außerdem hatte beispielsweise das festordnende Kölner Karnevals Komitee (FK, damals: „Festordnendes Comité") den Mut, Spottreden auf die preußische Obrigkeit öffentlich zu dokumentieren. Will heißen: Die ersten Karnevalsoffiziellen waren diejenigen, die den subversiven Charakter des Karnevals zumindest im Politischen am Leben erhielten. Das konservative Auftreten und die latente Intoleranz gegenüber alternativen Karnevalsformen ist demnach nichts, was den Komitees schon von Beginn an im Sinn stand; es hat sich erst in der Moderne eingeschlichen.

Startschuss für die Büttenrede

Für die Büttenrede kann der Beginn der organisierten Feierlichkeiten hingegen als Initialzündung gelten. Im 19. Jahrhundert gründeten sich die ersten Karnevalsvereine, und neben Gesang stand hier der kurzweilige, mitunter stark politische, bissige und humorvolle Vortrag im Mittelpunkt. Damals fast ausschließlich in Reimform und oftmals im Dialekt.

Wie launig so ein Vortrag auch heute noch sein kann, zeigt die Reimrede eines unbekannten Künstlers, den das Festkomitee Kölner Karneval in seiner Zeitung „Kölner Karnevals-Ulk", einem Vorläufer des heute noch existierenden Kölner Narrenspiegels, dokumentiert hat. Hier macht sich der Vortragskünstler über den schlechten Zustand der Straßen und Wege seiner Kölner Heimatstadt lustig:

„Auf der Hochstraß zu spazieren
Abends könnte herrlich sein
Doch man darf es nicht riskieren
fällt zu leicht dabei herein
Pflasterini ist caputto
Strassa supe rissi auffi
Irma Promenada macho
Locka falla raino manno"

Propaganda statt Komik

Dass die Nationalsozialisten – allen voran die „Kraft durch Freude"-Bewegung – den Karneval und erst recht die Büttenrede für sich einnehmen wollten, ist nur folgerichtig. Bereits 1933 wurde der Münchner Karneval gleichgeschaltet, und lediglich durch viel Verhandlungsgeschick und List des damaligen FK-Präsidenten Thomas Liessem gelang es den Kölnern, sich nicht in Gänze den Nazis unterwerfen zu müssen. Dennoch erreichte die Propaganda auch die jecken Bühnen. Der Kölner Historiker und Karnevalsexperte Marcus Leifeld berichtet von antijüdischen Büttenreden in Köln bereits um 1934. Und ein rebellischer Künstler wie Karl Küpper (siehe auch „Karl Küpper: Rückgrat selbst unter der Nazi-Diktatur") wurde mit Berufsverbot belegt.

Die Blütezeit der Bütt

Nach dem Krieg kamen die Karnevalisten relativ zügig wieder auf die Beine. Aber erst die Massenmedien, neue Veranstaltungsformen und der Erfolg des organisierten Sitzungskarnevals sorgten dafür, dass Büttenredner bundesweit zu echten Stars wurden. Der Aachener Karnevalsverein verlieh 1950 erstmalig seinen Orden „Wider den tierischen Ernst". 1953 bereits übertrug das Fernsehen den Kölner Rosenmontagszug.

Zwei Jahre später startete der langjährige Quotenknül-
ler „Mainz bleibt Mainz", der damals noch „Mainz
wie es singt und lacht" hieß und nur im Südwestfunk
im Fernsehen übertragen wurde. Für diese Sitzung
und ihre Kölner Pendants waren bis in die 80er-Jahre
traumhafte Einschaltquoten die Regel. Dieses Jahr-
zehnt − beispielsweise mit dem unvergesslichen und
unvergleichlichen Colonia-Duett − markiert den Höhepunkt von Büttenrede & Co.

Ebenfalls bezeichnet es den Höhepunkt des alternativen
Karnevals. In den 80er Jahren entdeckten die Alternativen, mithin die Nachfahren der 68er, den Karneval für
sich. Vorreiter war auch hier mal wieder Köln: 1983
von einem Studenten-Kollektiv gegründet, ging 1984

in der Alten Mensa der Kölner Uni die erste Stunksitzung über die Bühne. Der Kölner Jürgen Becker über-
nahm als „Irokesen-Heinz" die Rolle des Sitzungspräsidenten. Damals konnte niemand ahnen, dass sich die
Idee, dem offiziellen Karneval und seine Vertretern
eine Nase zu drehen, zu einer Erfolgsgeschichte entwickeln würde. In vielen Städten, hier seien Bonn (Pink
Punk Pantheon-Sitzung), Aachen (Strunxsitzung) oder
Neuss (Stunk) genannt, fand die alternative Sitzungs-
form schnell Nachahmer.

Alternativer Ansatz hin oder her, die Gesetzmäßigkei-
ten des Karnevals lassen sich schwer brechen. Diese
Erfahrung machten auch die Kölner Stunker. Der Kabarettist Wilfried Schmickler resümierte in einem Interview mit der „taz": „Es gibt, zumindest in Köln., nur
Karneval oder Karneval. Als am 26. Februar 1984 ein
verwegener Haufen knatschverdötschter Sozialpädago-
gik-Studenten unter dem Vorsitz von Irokesen-Heinz
die erste Stunksitzung ins vermeintlich alternative
Leben rief, da hat es die Beteiligten schon am ersten
Abend eiskalt erwischt. Als das Schunkelpotpourri
angestimmt wurde, das als Verarschung gemeint war,
und der ganze Saal zu schunkeln anfing, da standen
alle hinterm Vorhang und haben gesagt: Guck mal,
guck mal, guck mal, die schunkeln. Tja, so sind sie
eben, die Jecken."

Mittlerweile ist die Stunksitzung genauso eine Institution geworden wie andere Einrichtungen des Kölner Karnevals auch. Und selbst eine Kinder-Stunksitzung gibt es mittlerweile.

Der Sitzungsboom, Comedy und das Ende vom Lied?

ARD, ZDF und dann auch noch RTL – Anfang der 90er-Jahre gab es für den Bundesbürger keine Chance mehr, sich der fünften Jahreszeit zu entziehen. Bekannte Künstler – auch des alternativen Karnevals – wie Gabi Köster oder Guido Cantz schafften mühelos den Sprung in die Comedy-Szene. Überhaupt Comedy: Leichte Unterhaltungskost ist seitdem *très chic*, und die Domstadt gilt mit Künstlern wie Markus Maria Profitlich oder Tom Gerhardt als Keimzelle der neuen Lustig-Bewegung. Was sich für die traditionellen Büttenrednern jedoch nicht unbedingt karrierefördernd auswirkt. Der Autor Wolfgang Hippe bringt es auf den Punkt: „Im Karneval gibt es seit Jahrzehnten kaum noch Büttenredner. Man tritt nicht mehr in der Bütt auf, sondern steht im Stile eines Conferenciers oder Comedians daneben. Nicht umsonst ist Köln inzwischen auch **die** Stadt der deutschen Comedy. Seit 1990 findet hier das „Internationale KölnComedy Festival" statt und wird der „Deutsche Comedy Preis" verliehen."

Indes hat sich zum allzu flockigen Comedy-Boom längst eine Gegenbewegung etabliert. Sitzungen wie die „Traditionssitzung" der Karnevalsgesellschaft Große Kölner oder verheißungsvolle Talente wie der Kölner Shootingstar Marc Metzger – von dem wir später noch hören werden – machen Mut, dass eine Verknüpfung von Klassik und Moderne durchaus funktionieren und dem Karneval neue Impulse geben kann. „Betritt man heute die Bühne einer dieser modernen Sitzungsformate mit dem Schwerpunkt auf Musik, dann merkt man förmlich, wie das Publikum nach einem gelungenen Redebeitrag giert. Und, ja, es gibt wieder mehr Leute, die zuhören können und dies auch wollen", sagt der erfolgreiche Büttenredner Jürgen Beckers.

© Jürgen Beckers

Die Bütt: Sie wäscht schmutzige Wäsche wieder strahlend weiß

Das Ende der Franzosenzeit (um 1815) gilt allenthalben als Beginn der Ur-Büttenrede. Dabei handelte es sich um eine humorige Rede, in der die Redner vor allem ironisch-satirisch über die Obrigkeit herzogen. Keimzelle war damals das Rheinland, dies durch den dort sehr frühen Start des organisierten Vereinskarnevals. Dass die Redner für ihre frechen Verlautbarungen nicht zur Rechenschaft gezogen wurden, liegt möglicherweise an der langen Tradition der Büttenrede. Dem Vernehmen nach geht sie nämlich auf eine mittelalterliche Auslegung des Rügerechts zurück. Die Vorstände und Vereinsoberen nahezu jeglicher karnevalistischer Tradition in Europa berufen sich allerdings sehr stolz auf die vielzitierte „Narrenfreiheit" des mittelalterlichen Rügerechts, die den Hofnarren gewähren ließ.

„Bütt" bedeutet im kölschen Dialekt Waschzuber oder Wanne. Die historische Ableitung, dass die Namensgebung sich daraus erklären lässt, ist zwar nicht hundertprozentig belegt, jedoch recht wahrscheinlich. Demnach wuschen die Redner im übertragenen Sinn darin die schmutzige Wäsche der Franzosen und Preußen, walkten in der Bütt die „schmutzige" Politik kräftig durch und holten die blütenweiße Reinheit somit wieder ans Tageslicht.

Eine weitere Ableitung des Begriffs reicht sogar bis ins 18. Jahrhundert zurück. An einem Salzburger Gymnasium sollen zu dieser Zeit bereits nachweislich Fastnachtsscherze aufgeführt worden sein. Auf einer dieser Veranstaltungen habe eben ein als Diogenes verkleideter Redner eine politische Büttenrede gehalten. Und der Philosoph wohnte ja bekanntlich in einer Bütt. Ob diese, historisch nicht nachgewiesene, Begriffsdefinition aber nicht selbst ein kleiner Karnevalsscherz ist – wer weiß?

Ebenso hält sich der Standpunkt einiger pragmatisch orientierter Karnevalisten beharrlich am Leben. Er lautet, dass die ersten rheinischen Karnevalsvereine schlicht zu wenig Geld hatten, um ihre Sitzungen mit pompösem Bühnenbild und Saaldekoration auszustatten. Deshalb hätten sie der Einfachheit halber ein Weinfass halbiert und als Rednerpult zweckentfremdet.

Eigentlich ist es aber auch völlig egal, woher die Büttenrede ihren Namen hat: Auf den Inhalt kommt es schließlich an.

Aufbau und Stil einer Büttenrede: Auf das Wie kommt es an

Durchstöbert man die einschlägigen Videoportale, Archive oder DVD-Sammlungen oder ist man regelmäßiger Zuschauer der Fernsehsitzungen, so denkt man oft: „Hoppla, den Witz habe ich aber schon mindestens einmal gehört". Das ist das „Dilemma" der Büttenrede, denn es gibt kaum neue Witze, die sich für diese besondere Art des Erzählens eignen: Der Einstieg ist entscheidend, die Pointen müssen knackig sein, und eine Büttenrede spielt mit der Erwartungshaltung des Zuschauers respektive Zuhörers. Auch ist das Timing eines humoristischen Vortrages noch wichtiger als das eines Schauspielers. Schließlich müssen die für eine klassische Büttenrede typischen Stilmittel wie Übertreibung, Überraschungsmoment und – last but not least – kompakte Erzählstruktur unbedingt auftauchen, damit der Witz ein Lacherfolg wird und die Pointen sitzen. So kommt es, dass die Erzählmuster oft dieselben sind.

Dass wir trotzdem über gelungene Büttenreden lachen, auch wenn die Witze noch so abgegriffen scheinen, hat zwei Gründe. Zum einen ist die Art des Vortrages wichtig. Erfahrene Komödianten und Redner sind sich einig, dass das Wie in Summe entscheidender ist als das Was. „Man erlebt immer wieder, dass 30 bis 40 Jahre alte Witze besser ankommen als die mühevoll selbst ausgedachten und einstudierten", sagt der renommierte Büttenredner Jürgen Beckers („Jürgen B. Hausmann"). Zudem warnt Beckers, der bereits im Sommer mit den Proben für die neue Session beginnt, Nachwuchsredner davor, die Präsentation auf die leichte Schulter zu nehmen: „Man muss ständig an sich arbeiten, immer und immer wieder darauf achten, dass die Pointen an der richtigen Stelle sitzen, und prüfen, ob die Formulierungen griffig genug sind, dass sie der Zuhörer leicht versteht", so der sympathische Komödiant.

Anhand eines beliebten Witzes, der sich perfekt für eine Büttenrede eignet, kann man den richtigen Aufbau und die stimmige Präsentation gut nachvollziehen:

Eine Frau steigt mit ihrem Baby in einen Bus. Der Busfahrer sagt: „Das ist das hässlichste Baby, das ich je gesehen habe!" Stinksauer setzt sich die Frau in den hinteren Teil des Busses und sagt zu ihrem Sitznachbarn: „Der Fahrer hat mich beleidigt." Daraufhin sagt der Mann: „Gehen Sie ruhig nach vorne und beschweren Sie sich – ich halte so lange das Äffchen für Sie."

Einstieg:

„Eine Frau steigt mit ihrem Baby in einen Bus."

Wichtig: Niemals einsteigen mit: „Ich muss Ihnen mal erzählen, was mir neulich passiert ist" oder, noch schlimmer: „Ein toller Witz, den mir mein Schwager erzählt hat, geht so …" Besser einen Startpunkt setzen, der gleich ein Bild im Kopf des Publikums erzeugt: „Frau", „Baby", „Bus", diese drei Begriffe verbinden sich sofort zu einem stimmigen Bild. Also gleich mit dem eigentlichen Witz beginnen und die Handlung erzählen. Erfahrene Redner schaffen es, die Aufmerksamkeit des Publikums mit einer Überleitung wie „Mein Gott, die Frauen, was denen nicht alles passiert" zu wecken. Solch einen Einstieg sollte man als Hobby-Büttenredner aber getrost den Profis überlassen.

Set-up, Steigerung und Übertreibung

Der Busfahrer sagt: „Das ist das hässlichste Baby, das ich je gesehen habe!" Stinksauer setzt sich die Frau in den hinteren Teil des Busses …

Kein Busfahrer – außer vielleicht in Berlin? Ok, kleiner Scherz! – würde jemals einen solchen Satz zu einem Fahrgast sagen. Der Erzähler hat jedoch sein erstes Ziel erreicht: Nachdem er mit dem Einstiegsbild einen gefälligen Start in den Witz erreicht hat, hört das Auditorium ihm zu, es kommt zum sogenannten Set-up. Das Publikum steckt mitten in der Erwartungshaltung, es weiß, dass nun eine Pointe kommen muss, und erwartet gespannt, was nun passiert.

Spannungsbogen

und sagt zu ihrem Sitznachbarn: „Der Fahrer hat mich beleidigt." Daraufhin sagt der Mann: „Gehen Sie ruhig nach vorne und beschweren Sie sich,

Nur scheinbar flacht der Witz ins Beiläufige ab, aber in Wirklichkeit ...

Pointe mit „Punch-Line"

... erreicht er seinen Höhepunkt.

ich halte so lange das Äffchen für Sie."

Amerikanische Schauspielschulen nennen diese Art der Pointe die Punch-Line. Der Punch ist im Boxen ein besonders harter Schlag. Genauso verhält es sich bei diesem Witz. Gerade noch hat sich das Publikum mit dem vermeintlich netten Sitznachbarn angefreundet, da – Punch! – schlägt die Pointe zu. Ganz wichtig ist die ganz kurze Pause zwischen „sich" und „ich". Würde der Witz in einem Durchgang erzählt werden, verlöre er erheblich an Kraft.

TIPP

Wenn Sie meinen, dass Ihre Büttenrede sitzt, lassen Sie diese per Video einmal komplett aufnehmen. Notfalls montieren Sie die Kamera einfach auf ein Stativ. Dafür reicht eine billige Webcam. Anschließend kontrollieren Sie die Aufzeichnung nur hinsichtlich Timing und Aufbau, gehen Sie noch nicht auf den Inhalt ein. Entdecken Sie dabei Schnitzer, korrigieren Sie diese (und nur diese!) im Manuskript, halten die Rede noch einmal und lassen sich auch ein weiteres Mal filmen. Sie werden erstaunt sein, welchen Qualitätssprung Ihre Rede gemacht hat.

Übertreibung und anschließende Punch-Line

Die Königsdisziplin der Büttenrede sind ausgiebige Witze mit eingestreuten Pointen und einem deutlich längeren Weg bis zur Punch-Line. Ein schönes Beispiel hierfür liefern immer wieder die komischen Zwiegespräche des legendären Colonia-Duetts Hans Süper und Hans Zimmermann:

Zimmermann: Ich hab jetzt einen Hund.
Süper: Aaaah, Zimmermän ist auch auf den Hund gekommen.
Zimmermann: Meiner hat sogar einen Stammbaum.

Süper: Meiner hat sogar mehrere, wenn der einen Wald sieht, kriegt der das Bein nicht mehr runter.

Zimmermann: Meiner ist aber auch intelligent. Wenn der mal muss, geht der vor die Tür, dann legt der Zeitungspapier aus, macht da drauf und bringt es anschließend in den Müll.

Süper: ... und dann kommt meiner und schmeißt es bei dir in den Briefkasten. Und dein Hund kann sogar schreiben.

Zimmermann: Woher weißt du das denn?

Süper: ... von meinem – der hat ja schließlich mit deinem telefoniert.

Auch hier sind die Wechselwirkung der beiden Redner, das gegenseitige Hochschaukeln und die Kunstpause vor der Punch-Line fast wichtiger als der Inhalt der Rede selbst.

So klingt es geschmeidig: Versfuß und Versmaß

Gar wichtig ist der Verse Maß,
Doch mancher Laie dies vergaß.
Er reimt und reimt an einem Stück,
doch blickt er auf sein Werk zurück,
So klingt es holprig, und warum?
Es fehlt das Versmaß, Mann! Zu dumm.

Nur wenn genau der Silben Zahl
zusammenpasst, dann allemal
hast du ein Versmaß, und sonst nicht
und ohne das wird's kein Gedicht.

Betont und unbetont im Wechsel,
Das ist der Trick beim Versgedrechsel.
Betonung oder unbetont
so sind die Verse wir gewohnt,
dass nach Betonung ein bis zwei
der unbetonten Silben sein.

Doch ist dein Versmaß holperig,
Lässt dich das Füllwort nie im Stich!
„Ach und", „so sehr" – „denn also", „doch",

Die füllten schon so manches Loch,
Damit die Zeilen glatter klingen.
Dann kann man sie sogar mal singen.

Doch passen die Gedanken dein
Mal gar nicht in das Versmaß rein:
Dann lass auch mal fünf gerade sein!
Nur mach das lieber nicht zu oft,
Sonst buhn die Leute unverhofft,
Statt freundlich dir zu applaudiern
Das kann im Karneval passiern!

Die klassische Büttenrede im Karneval ist gereimt und hat ein einfaches, strenges Versmaß. Böse Zungen behaupten, das Versmaß sei deshalb so streng, weil das betrunkene Publikum dem Vortrag sonst nicht folgen könnte. Aber das ist natürlich nur eine haltlose Unterstellung humorloser Karnevalsmuffel! In Wirklichkeit klingt das Gedicht durch das Versmaß ähnlich wie Musik und erfreut dadurch das Ohr. Und das, ohne dass Sie singen müssten! Will heißen: man kann Ihnen einfacher folgen, die Pointen erschließen sich schneller, kurz: der Vortrag ist unterhaltender.

Reimgedichte sind also gefällig anzuhören und prägen sich gut ins Gedächtnis ein – weshalb auch viele Werbesprüche gereimt sind. Außerdem weiß die Kapelle bei einer gereimten Büttenrede immer, wann ein Tusch eingespielt werden muss. Ohne die Reimform klingt eine Rede weit weniger melodisch, der Anklang an die Musik fehlt dann.

Versmaß? Was ist das?

Aber was ist das überhaupt, ein Versmaß? Im Deutschen gibt es betonte und unbetonte Silben. In Versen (den Zeilen eines Gedichts) werden diese regelmäßig im Wechsel angeordnet. Ein Gedicht hat ein bestimmtes Versmaß, das heißt, die Zeilen bestehen aus einer bestimmten Anzahl sich regelmäßig abwechselnder betonter und unbetonter Silben. Die kleinste Einheit ist der Versfuß: die Verbindung von einer betonten und einer oder zwei unbetonten Silben. Somit ähnelt der Versfuß dem Takt in der Musik.

So erkennen Sie das richtige Versmaß

Dichten sollte man allein. In Großraumbüros fällt man damit unangenehm auf, denn wenn Sie am Versmaß arbeiten, müssen Sie Ihre Verse immer wieder mit überdeutlicher Betonung laut lesen. Als zusätzliche Hilfe können Sie noch gestikulieren wie ein Dirigent, damit Sie die betonten und unbetonten Silben auch körperlich spüren. Wenn Sie das Versmaß so regelrecht erspürt haben, notieren Sie es direkt in Ihrem Manuskript. Fügen Sie unter jeder Zeile eine Zeile für das Versmaß ein. Hier markieren Sie jede betonte Silbe mit einem X und jede unbetonte mit einem Bindestrich. Zum Beispiel so:

Striche und Ixe das Versmaß mir zeigen.
X   –   –   X – –   X   –   –   X –
Den tollen Trick hier mach ich mir zu eigen!
X   – – X   –   –   X   –   – X –

(Der Versfuß ist ein Daktylus, den jeder Dichter kennen muss.)

Welche Versfüße gibt es?

Manche Germanisten kennen Dutzende von Versfüßen, aber für die interessiert sich außerhalb der Uni kein Mensch. Wichtig sind für die Büttenrede nur zwei:

Beim alternierenden oder abwechselnden Versfuß wechseln sich betonte und unbetonte Silben ab. Beginnt der Versfuß mit einer betonten Silbe, ist es ein Trochäus, beginnt es mit einer unbetonten Silbe, ist es ein Jambus. Da im Deutschen die meisten Wörter auf der ersten Silbe betont werden, ist der Trochäus der häufigste Versfuß. Das Gedicht am Anfang dieses Kapitels ist aber in Jamben geschrieben.

Die Büttenrede „Et Handy" von Willi Armbröster ist ein schönes Beispiel für ein abwechselndes Versmaß. Die Rede fängt so an:

Als Rentner wird man ungewollt
-   x - x   -   x - x
Vom Fortschritt ständig überrollt
-    x -   x - x- x

Das Versmaß ist ein vierfüßiger Jambus, das heißt, es beginnt unbetont und besteht aus vier Takten aus jeweils einer betonten und einer unbetonten Silbe. Die komplette Rede finden Sie ab Seite 43.

Folgen auf jede betonte Silbe zwei unbetonte, so nennt man den Versfuß Daktylus. Der Daktylus erinnert an den Walzertakt in der Musik. Ein Beispiel:

Im Daktylus schreiben die Dichter so gerne.
-   x - - x   - - x   - - x -
Wie schön! Tastaturen, sie klappern von ferne.
-    x   - - x -   - x   -   -   x -

In dem Vortrag „En Grüne" von Hermann Eckert klingt der Daktylus so:

Ja, rot ist die Liebe und gelb ist der Neid,
-   x   - -   x   - -   x   - -   x
Und blau ist ein Zustand, ihr wisst ja Bescheid,
-     x   - -   x -   -   x   - - x

(Den vollständigen Vortrag finden Sie auf Seite 121.)

TIPP: Die beiden wichtigsten Versfüße

Jambus/Trochäus = abwechselnd betont und unbetont =
x - x - x - x - x- = 2/4-Takt in der Musik

Daktylus = 1-mal betont, 2-mal unbetont = x - - x - - x - - x
- - x - - x - - = Walzertakt

In den meisten Fällen kommen Sie mit dem einfachen abwechselnden Versfuß aus (x - x - x - x -). Der Walzertakt
des Daktylus klingt lyrischer, blumiger und beschwing-
ter, der Zweitakter des abwechselnden Versmaßes dage-
gen klingt mehr nach Marschmusik. Jambus und Trochäus
wecken daher eher militärische Anklänge – und das
passt gut zur Marschmusik der Karnevalskapelle.

Das richtige Versmaß

Aber woran erkennen Sie den passenden Versfuß für
Ihre Büttenrede? Fangen Sie einfach an zu reimen,
ohne besonders auf den Versfuß zu achten. Dann lesen
Sie Ihre ersten Zeilen laut und fügen ein X (für eine
betonte Silbe) und Striche (für unbetonte Silben) ein.
Jetzt sollte schon zu erkennen sein, ob Jambus/Tro-

chäus oder Daktylus besser passt: Wechseln sich Striche und X ständig ab, oder sind öfter zwei Striche hintereinander zu sehen? Entscheiden Sie sich für das Muster, das öfter vorkommt. Gleichzeitig stellen Sie fest, wie oft hintereinander dieser Versfuß vorkommt in einem Vers, das heißt einer Gedichtzeile, vorkommt. Diese regelmäßige Folge von Versfüßen ist das Versmaß Ihres Gedichtes.

Und dann geht es an die Arbeit: Jetzt gilt es, die Zeilen so zu glätten, dass jede Silbe ins Versmaß passt. Wer von Natur aus mit einem guten Sprachgefühl gesegnet ist, dem wird das leicht von der Hand gehen. Alle anderen müssen sich in Geduld üben und die Verse Puzzlesteinchen für Puzzlesteinchen zusammensetzen. Aber Bangemachen gilt nicht: Letztlich ist Dichten Handwerk, und mit den folgenden Tipps und etwas Geduld klappt es immer.

TIPP: So glätten Sie die Zeilen

Der Trick besteht darin, die einzelnen Zeilen, Wörter und Sätze immer wieder leicht abzuwandeln, so dass die Anzahl der Silben sich ändert.

Wenn eine Zeile nicht ins Versmaß passt, dann ändern Sie die Formulierung immer wieder um, bis der Rhythmus stimmt. Dabei ist alles erlaubt, was Text-Profis sonst immer verbieten: Sie dürfen Beamtendeutsch reden, Floskeln schreiben, Substantive ohne Ende benutzen, Füllwörter, Passiv – solange das Versmaß stimmt. Sie dürfen sogar Wörter verbiegen, Vokale abändern, Silben einfügen oder ganz neue Endungen erfinden – Hauptsache, es reimt sich. Das ist es, was man „Dichterische Freiheit" nennt. Genießen Sie sie!

Und wenn es mit dem Versmaß gar nicht klappen will, trösten Sie sich: Auch eine der erfolgreichen Beispielreden aus diesem Buch hat ein ziemlich holpriges Versmaß – wenn Inhalt und Vortrag perfekt sind, applaudiert das Publikum trotzdem! Die meisten Beispiele sind aber im vierfüßigen abwechselnden Versmaß geschrieben. Wir haben zur Orientierung das Versmaß in einzelnen Versen der Beispielreden gekennzeichnet.

Silben-Tricks

Um die Anzahl der Silben in einer Zeile zu ändern, helfen folgende Tricks:

1. Kürzen: Kann ich überflüssige Silben einsparen? So kann „etwas" zu „was" werden oder „einmal" zu „mal".
2. Füllwörter: Wenn eine Silbe fehlt, fügen Sie Wörter wie „ach", „nun" oder dergleichen ein. Mehr solche Wörter finden Sie im Kasten „Beliebte Füllwörter" auf Seite 41.

3. Wörter aufspalten: Im Deutschen gibt es viele zusammengesetzte Wörter, zum Beispiel „Wohnwagen". Meistens lassen diese Wörter sich aufspalten, zum Beispiel: „der Wagen zum Wohnen". Am Anfang dieses Kapitels steht „der Verse Maß" anstelle von „Versmaß".

4. Aktiv/Passiv: Ändern Sie aktive Formulierungen in passive oder umgekehrt. Aus: „Ich halte eine Rede" kann so zum Beispiel werden: „Eine Rede wird gehalten".

5. Pausen: Fehlt eine Silbe, so können Sie manchmal stattdessen auch eine Pause machen. Notieren Sie die Pause im Manuskript als Gedankenstrich.

6. Silben einfügen: Besonders ein unauffälliges „e" hilft oft über fehlende Silben hinweg. So wird „holprig" zu „holperig" oder „manchmal" zu „manchesmal".

7. Sätze umstellen: Die Deutsche Sprache lässt uns große Freiräume im Satzbau. Sie dürfen die Reihenfolge von Subjekt, Prädikat und Objekt ändern. Der folgende Satz passt in kein Versmaß: „Eine Frau geht mit ihrem Pudel zum Bahnhof." So klingt es schon besser: „Zum Bahnhof geht mit dem Pudel 'ne Frau."

Vortrag

Wenn Sie alle diese Tricks angewendet haben, und das Versmaß trotzdem nicht hundertprozentig stimmt, dann können Sie die letzten kleinen Unebenheiten im Vortrag ausgleichen. Sprechen Sie zwei Silben so schnell, als wäre es nur eine gewesen, oder fügen Sie eine Pause ein, wo eine Silbe fehlt. Wenn die meisten Zeilen stimmen, nimmt das Publikum seltene kleine Patzer nicht übel.

TIPP: Beliebte Füllwörter

Wenn im Versmaß ein, zwei Silben fehlen, sind Füllwörter beliebte Helfer. Füllwörter sind zwar ansonsten verpönt, aber Gedichte und Büttenreden bilden eine Ausnahme. Streuen Sie die Füllwörter bei Bedarf in lockerer Folge in Ihren Vortrag ein:

1 Silbe:
und – ach – so – sehr – doch – ja – halt – mal – schon – gell – denn – eh – fei – nun – auch – bloß – gar – glatt – höchst – je – meist – recht – stets – voll – wohl

2 Silben:
also – einfach – vielleicht – freilich – eben – einmal – zudem – ziemlich – vollends – sogar – sicher – rundum – quasi – nämlich – partout – könnte – jemals

Wenn Inhalt und Reimform passen: Ab ans Texten!

Nachdem Sie nun über das theoretische Rüstzeug für eine Reimrede verfügen, folgen ein paar Bühnen-Beispiele. So vom rheinischen Altmeister **Willi Armbröster**.

Er feiert 2010 sein 50-jähriges Bühnenjubiläum. In dem halben Jahrhundert in der Bütt hat der Spezialist für Reimreden über 30 verschiedene Typen dargestellt. Ob als Erbschleicher, Fußballfan, Bonner Hinterbänkler, Traumtourist oder, wie in den letzten Jahren, als Rentner – Armbrösters Vorträge genießen unter rheinischen Karnevalisten absoluten Kultstatus. Wie kein Zweiter schafft es der gelernte Feinmechaniker (1933 in Königswinter-Niederdollendorf geboren), die Marotten seiner Mitmenschen und die Tücken des Alltags liebevoll auf die Schippe zu nehmen. Armbröster, der unentgeltlich viele Auftritte im sozialen Bereich wahrnimmt, hat mit „Mein Siebengebirge" und „Sieben Berge und der Rhein" auch zwei Heimatlieder komponiert. Seine gesammelten karnevalistischen Werke hat der begeisterte Hobby-Gärtner mittlerweile in drei Büchern (siehe Bibliographie) veröffentlicht.

Et Handy
(abwechselndes Versmaß, vierfüßig)

Als Rentner wird man ungewollt,
-   x   -   x   -   x - x
vom Fortschritt ständig überrollt.
-   x   -   x   -   x- x

De vorige Woch hat ich e Pech –
Ich hol mein Handy aus der Täsch,
ruf meine Frau zu Hause an,
doch dummerweis ging keiner dran.
Nach drei Versuchen merke ich,
mit meinem Handy stimmt was nicht,
erkenn anhand von der Kontur,
uns Fern-Bedienungs-Tastatur.
Mein Frau die hat zu Haus indessen,
mit dem Hardy auf der Couch gesessen,
und war vergeblich am Probieren,
den Günter Jauch zu installieren.
Auch den Computer-Dialekt,
ich krieg das einfach nicht gescheckt.
Zum Beispiel denk ich bei Menü,
an Rindfleischsüppchen und Fondue.
19 BIT, das ist bei mir,
ein angebrochener Kasten Bier.
Mein Frau hält heut noch jede Wett,
PC – das hieße Plumps-Closett.

Da liegt sie gar nicht so daneben,
man kann in beides „Code" eingeben.
Zum Glück wohnt jetzt bei uns zu Haus,
mein Enkelsohn, der kennt sich aus.
Der hat mich neulich informiert,
wie ein Computer funktioniert.
Da ist zunächst in dem Labor,
ein Fernseher – der heißt Monitor.
Und daran hängt an einer Schnur,
en Schreibmaschinen-Tastatur.
Ebenfalls an einer Leine,
hängt da ne Maus – mit ohne Beine.
Die ist da online fest vertaut,
damit sie erstens keiner klaut,
zweitens ist sie aber auch,
immer da, wo man sie braucht.
Auf dem Bild sind Banderolen,
mit vielen Fenstern und Symbolen,
oben – unten – an de Ränder,
sieht aus wie ein Adventskalender.
Klickt man jetzt darauf mit der Maus,
dann kommen die tollsten Sachen raus.
Die Daach – der Kleen wor in der Schull, (*Schull = Schule*)
ich wüsst nit, wat ich maache sull.
Geh in dat Kinderzimmer rein,
und schalte den Computer ein.
Ich denk: Jetzt tu ich mal was surfen,

als Opa werd ich das wohl dürfen.
Mit viel Geduld und mit Instinkt,
hab ich mich online eingeklinkt.
Und dann lief alles wie am Schnürchen,
mit den „Adventskalender-Türchen".
Ich bin gesprungen wie ein Böckchen,
und kam vom Hölzchen auf et Stöckchen.
Auf einmal war da ne Rubrik,
LIFE – STYLE – EROTIK.
Ich denk: Dat kuckste dir ens ahn.
Das hätt ich besser nicht getan.
Ich bin schon allerhand jewennt.
Ich hab gedacht: Mich tritt en Ent.
Da lag da vor mir im Menü,
ein Fräulein, völlig puddelrüh,
ohne Hemd und sonst noch jet, *(jet = was)*
beim Enkelchen im Internet.
Obendrein stand nebenan:
Hallo mein Kleiner, ruf mich an,
und von der schamlosen Person,
der Name und et Telefon.
Die Nummer hab ich dann gewählt –
Dem Fräulein hab ich was erzählt.
Ich hab gesagt, ich war empört,
dass sich so was nicht gehört,
mein Enkelchen war grade zehn,
der darf doch so was gar nicht sehn.

Sie möge schleunigst sich bemühn,
und sich was Warmes überziehn.
Ansonsten könnt sie was erleben!
Dem Fräulein hab ich et gegeben.
Auf einmal meint die ganz beklommen,
Ich möge doch zur Sache kommen.
Ich hätt schon viel zu lang gesprochen
Da wurd ich plötzlich unterbrochen,
und hinter mir stand groß und breit,
mein heiß geliebte Adelheid.
Die zeigte mit gestrenger Miene,
auf die entblätterte Blondine.
Ich hab versucht, ihr zu erkläre,
wie die dahin gekommen wäre,
ich hätte nur was ausprobiert,
mich mit dem Mäuschen amüsiert,
genau genommen nur gespielt,
noch nicht mal richtig hingeschielt,
das hätte ich mir nie erlaubt –
glaubt ihr, die hat mir das geglaubt.
Die Quintessenz war koot un joot,
totales Terminal-Verbot. (*koot un joot = kurz und gut*)
Gestern kam, direkt aus Bonn,
die Rechnung von der Telekom.
Mein lieber Mann, ich kann euch sagen,
DIE haben wieder aufgeschlagen.

(von Willi Armbröster)

Nahverkehr
(abwechselndes Versmaß, vierfüßig)

Wie war das Reisen doch vordem,
-   x   -   x   -   x   -   x
mit Bus und Bahnen angenehm.
-   x   -   x   -   x   -   x

Da stieg man ein, setzte sich hin,
dann kam die kleine Schaffnerin,
und für 'ner geringen Preis,
bekamst du deinen Fahrausweis.
Heut muss man sich da selbst drum kümmern,
suchen, wählen und benümmern,
hängst im Clinch mit Automaten,
und mit ominösen Daten,
stehst mit einem Bein im Knast,
wenn du falsch gestempelt hast.
Am besten kaufst du 'ne Broschüre,
für sieben Euro Schutzgebühre,
dann hast du 'ne Gebrauchsanweisung,
als ging es um en Erdumkreisung.
Da hat vom Jüngling bis zum Greis,
jeder seinen Fahrausweis.
Pütze Fuss und Meiers Kättchen,
jedem Frettchen sein Billettchen.
Zum Beispiel hier – auf Seite A,

Zonen-Index H–K.
Da findet man die gut durchdachte
Mehrfahrkarten-Streifenkarte.
Gibt's in jedem Automat,
außer – So – und Himmelfahrt.
Von Ostern bis Maria Sief,
gibt's den Hausfrauentarif.
Von morgens neun bis 16 Uhr,
bezahlen Sie die Hälfte nur.
Frauen mit und ohne Kind,
können, wenn sie wachsam sind,
in der Regel fleißig sparen,
und auf Monatskarte fahren.
Kapitel 13, Absatz C,
im Fahrverbund mit KVB,
   (KVB = Kölner Verkehrs Betriebe)
in der Mehrpersonen-Sparte,
die Mini-Gruppen-Umwelt-Karte,
gilt für Oma, Katz und Kind,
nur von Bonn bis Bocklemünd.
   (Bocklemünd = Kölner Stadtteil)
Dann gibt's das Jobticket-Billett,
im Internet von A bis Z,
für Butterfahrten nach Berlin,
von Montags bis Sankt Augustin.
Mit diesen exklusiven Daten,
begibst du dich zum Automaten.

Dann wirfst du deinen Barbesitz,
oben in den Einwurf-Schlitz.
Linke Seite hast du jetzt
das Linien-Zonen-Strecken-Netz.
Rechte Seite von dem Kasten
die Preis-, Tarif- und Auswahl-Tasten.
Jetzt brauchst du nur noch kombinieren,
mit X hoch drei multiplizieren.
Das wäre dann die letzte Hürde –
wenn jetzt 'ne Karte kommen würde.
Wenn da jetzt grade einer steht,
der dir dann zeigt, wie das so geht,
dann hast du ausgesprochen Glück.
Ansonsten kommt dein Geld zurück,
und oben links steht im Karree:
ICE ist JWD
Das heißt auf Deutsch: Nemm dinge Schrott,
geh wieder heim – der Zug es fott! (*fott = weg*)

(von Willi Armbröster)

Aus Alt mach Neu: Bauen Sie die schönsten Reden selbst

Bekannte Büttenredner wie der fränkische „Godfather of Fastnacht" Bernd Händel, die es gar nicht mehr nötig haben, um den heißen Brei zu gehen, sprechen die Wahrheit gelassen aus: „Es gibt keine neuen Witze!" Und selbst, wenn bei weitem nicht jeder Karnevalist dies zugeben mag, reicht die Dokumentation aller Redebeiträge über den geringen Zeitraum eines Jahres, um festzustellen, dass diese These stimmt – fast stimmt. Denn es gibt, ähnlich wie in der klassischen Musik, Variationen eines Themas, sodass zwar die Grundstruktur zweier Witze dieselbe ist, die kleinen Veränderungen es aber sind, die den Reiz machen. Es darf also gelacht werden, auch wenn der Scherz nicht mehr der Jüngste ist.

Sie können von diesem Aufbau profitieren und sich Ihre Büttenrede selbst basteln. Und auch hier gilt der Grundsatz: Entscheidender als der Inhalt ist die Art des Vortrags. Seien Sie also mutig – die Profis sind es ja schließlich auch.

Hier nun einige Beispiele erfolgreicher Redenauszüge, die das Publikum bereits seit mehreren Jahren erfreuen und die Sie immer wieder variieren können.

Variationen
(aus einer Rede von „Botterblömche" Hans Bols)

„Ich ging neulich in Düsseldorf spazieren, kam mir am Rhein eine Flasche entgegen – das passiert ja in Düsseldorf öfters.

Auf jeden Fall öffnet sich die Flasche, kommt ein Geist raus. Sagt der zu mir: ‚Du hast jetzt einen Wunsch frei!' Sage ich: ‚Dann wünsche ich mir eine Straße über den Rhein, bis ans Meer, bis nach Hawaii.' ‚Au Backe', sagt der Geist, ‚den Wunsch kann ich dir nicht erfüllen, das sind zu viele Stützen, die ich bauen müsste.'

Sagt der Geist: ‚Haste nicht doch einen anderen Wunsch?' ‚Okay', sage ich, ‚ich möchte endlich mal wissen, wie Frauen sind, wie Frauen fühlen, wie Frau lieben, wie Frauen denken …'

… hat der Geist kurz nachgedacht und gesagt: ‚Wie willste die Straße, vier oder sechsspurig?'"

Variation 1
Nachts auf der Landstraße hüpft einem Mann plötzlich ein Frosch vor das Auto. Nach scharfer Bremsung springt der

Mann aus dem Auto und schreit den Frosch an: „Was fällt dir eigentlich ein? Pass doch gefälligst auf!"

Der Frosch, eingeschüchtert: „Tut mir ja leid, aber ich bin halt auch nicht mehr der Jüngste, naja, und da ist man halt nicht mehr so flink!" Der Mann, noch leicht in Rage, nimmt den Frosch auf die Hand und trägt ihn zur anderen Straßenseite. Der Frosch bedankt sich: „Hey, super nett! Ich bin übrigens ein verzauberter Frosch, und weil du so nett bist, hast du jetzt einen Wunsch frei. Der Mann, leicht verdattert: „Hmm, was soll ich mir bloß wünschen".

Auch nach kurzem Grübeln fällt ihm nix ein, doch dann sagt er schließlich: „Vielleicht kannst du meinen Hund verzaubern. Mach Ihn zu 'nem Windhund, dass ich mit ihm 'n bisschen Geld verdienen kann." Der Frosch: „Ungewöhnlicher Wunsch. Aber gut, lass mal sehen."

Der Mann trägt also den Frosch zum Auto, macht die Kofferraumklappe auf und zeigt auf einen Straßenköter übelster Ausprägung: gebrochene Rute, nur noch ein Auge, fahles Fell, also wirklich schlimm! Der Frosch, erschrocken: „Oh je! Nein, das geht nicht! So weit reichen meine Kräfte nur wirklich nicht! Aber ich bin ja nicht so. Du sollst trotzdem einen Wunsch erfüllt bekommen, vielleicht fällt dir ja noch was anderes ein."

Der Mann fängt erneut an zu grübeln. Nach kurzer Zeit: „Naja, vielleicht meine Frau, die sitzt vorne, vielleicht kannst du die ja etwas verschönern, so dass ich mit ihr etwas Geld verdienen kann." Der Frosch: „Ungewöhnlicher

Wunsch, aber lass mal sehen." Sie gehen nach vorne, der Mann zeigt dem Frosch seine Frau.

Der Frosch daraufhin: „Kann ich den Hund noch mal sehen?"

Variation 2

Bill Gates trifft eine gute Fee, die ihn für große Taten der Gates-Stiftung belohnen möchte. Er hat einen Wunsch frei. Er zückt eire Weltkarte, auf der alle Krisengebiete eingezeichnet sind. Er wünscht sich von der Fee, dass überall schlagartig Frieden ist.

Die Fee bedauert und bittet ihn um einen anderen Wunsch, weil der Weltfrieden ihre Macht übersteige. Gates überlegt und wünscht sich dann ein fehlerfreies Windows.

Die Fee denkt kurz nach und sagt: „Kann ich bitte die Weltkarte noch mal sehen?"

Variation 3

Uli Hoeneß findet einen Flaschengeist. Sagt der Geist: „Du hast mich gerettet. Du hast einen Wunsch frei." Hoeneß sagt: „Ich hab's echt satt, dass alle Welt den FC Bayern hasst. Ich wünsche mir, dass uns alle toll finden und bewundern!" „Das geht nicht!", antwortet der Geist.

Darauf der Bayern-Manager: „Dann wünsche ich mir, dass wir 2010 und 2011 Champions-League-Sieger werden."

Der Geist kratzt sich am Ohr und sagt: „Die Bewunderung, deutschland- oder europaweit?"

Dumm gefragt und schlau geantwortet

Ein Angler hat es sich an einer versteckten Uferbö-
schung bequem gemacht. Die Sonne ist gerade erst
aufgegangen, es ist still und friedlich. Der Angler ist
mit sich und seiner Umwelt völlig im Reinen, nur er,
die See und die Fische – bis ein blöder Spaziergänger
daherkommt.

Anstatt den Angler in Ruhe zu lassen, stapft er durch
die Böschung, verscheucht jeden Fisch und fragt dumm
wie ein Stück Brot: „Na, und beißen die Fische?"
Darauf der Angler: „Nein, die kann man streicheln"
oder „Ja, bis zu dem Zeitpunkt, als Sie Trottel hier die
Riesenwelle gemacht haben" oder „Nein, die wollen
nur spielen!"

Kennen Sie noch die alten Radio Eriwan-Witze mit
schlauen Antworten auf dumme Fragen? Auf dieses
Prinzip setzen auch viele Büttenredner mit ihren Wort-
beiträgen. Von dieser Art sind die folgenden Witze, sie
lassen sich nach Belieben variieren und hervorragend
in eine stimmige Büttenrede packen.

„Gestern war ich auf dem See angeln. Ich erreiche mit
meinem Boot den Anleger und legen stolz meinen Fang
ab, kommt da ein Spaziergänger und fragt: „Booaah,

haben Sie echt all diese Fische gefangen?" Darauf ich: „Nö. Ich habe sie überredet aufzugeben" oder: „Nö, Ich habe sie hypnotisiert".

„Mache ich neulich Überstunden, kommt mein Kollege ins Büro, fragt mich: „Biste immer noch hier?" Darauf ich: „Nö, ich bin seit zehn Minuten weg?" oder „Nein, ich bin eine Fata Morgana und du bist in der Wüste?"

Klingelte neulich um 3 Uhr nachts das Telefon, derselbe Kollege am Apparat. Fragt der mich „Habe ich dich geweckt?" „Ja, sage sich. Das macht aber nix, ich musste scwieso gerade aufstehen, weil das Telefon geklingelt hat" oder „Ja, aber ist gut, dass du angerufen hast. Ich hatte Viagra auf dem Nachttisch liegen gelassen, da bleibt der Wecker immer stehen."

Helau & Alaaf – die Stars der Bütt

Politisches mit Biss, die sogenannten Typenredner, komische Duette oder doch die Persiflage – der Karneval hat bundesweit in den vergangenen Jahrzehnten ein großes Potpourri unterschiedlicher Redner hervorgebracht. An dieser Stelle möchten wir Ihnen eine Auswahl der besten dieser Zunft kurz vorstellen und auch an – leider – längst vergessene Redner erinnern.

Köln – Voll aus dem Leben gegriffen

Es ist bezeichnend für den kölschen Karneval, dass die beiden besten Kölner Büttenredner in Wirklichkeit gar keine waren. Denn das sagenhafte „Colonia Duett" (Hans Süper und Hans Zimmermann †) hatte mehr zu bieten: Hans & Hans traten als musizierende Entertainer auf, die alles, was einen Redner auszeichnen kann, in sich vereinten. Sie stellten unverwechselbare Typen dar, Süper beherrschte eine umwerfende Komik gepaart mit clownesken Talenten, und beide verfügten über ein hervorragendes Timing und konnten darüber hinaus auch sehr gut musizieren. Wobei vor allem Letzteres für den Kölner Jecken offensichtlich sehr wichtig ist. Denn in Köln stehen – anders als etwa in Mainz oder Aachen – gute Laune, Klatschen und Schunkeln und nicht so sehr der politische Esprit einer Rede im Vordergrund. Diesen bot bestenfalls noch **Toni Geller**, Gründer der fiktiven „Blauen Partei". Sein visionärer Wahlspruch: „Wir versprechen nichts, aber das halten wir auch."

Hoch geschätzt werden in Köln Redner, die dem Volk gut aufs Maul schauen können. Hierzu gehörte vor allem der Krefelder(!) **Hans Bols †** („Botterblömche"), ein Friseurmeister. Seine Witze waren nicht immer unbedingt sein geistiges Eigentum, aber sein Vortrag war unübertroffen. Gleiches gilt etwa für **Gerd Rück**, den „Weltenbummler", oder **Peter Raddatz** („Der Mann mit dem Hötche"), der als Entdecker von **Guido Cantz** gilt.

Cantz und Stars wie etwa **Bernd Stelter** sind zudem bezeichnend für eine Tendenz im kölschen Fasteleer, bei der verstärkt Comedy-Elemente in die Büttenrede mit einfließen. Den Massengeschmack scheint's zu erfreuen, jedoch hat diese Darbietungsform den Nachteil, dass Dialekt und die urwüchsige, bodenständige Komik der traditionellen Büttenrede dadurch mehr und mehr ins Abseits geraten.

Best of Botterblömche

Hallo zusammen, ja auch Ihr *(schaut im Sitzungssaal zu den „billigen" Plätzen)* in der Legebatterie

Meine Schwiegermutter, die wohnte ja nur einen Steinwurf von uns entfernt – jetzt ist sie weggezogen. Wissen Sie warum? Weil ich die getroffen habe. Die wohnt jetzt in Düsseldorf *(Der ganze Saal auf der Kölner Karnevalssitzung buht)*.

Düsseldorf, da ist es ja so langweilig, da fliegen selbst die Tauben nach Köln zum Kacken.

Düsseldorf: Die größte Orgel Deutschlands, 600 000 Pfeifen. Die meinen auch, die haben alles erfunden, jetzt sogar den Geldautomat ohne Karte, musste nur die Pupillen reinhalten. Ich hab neulich den Karl Dall an so 'nem Automaten gesehen, der hat nur die Hälfte ausgezahlt bekommen.

Die Düsseldorfer haben 1723 die Toilettenbrille erfunden, 1789 haben sie gemerkt, dass in der Mitte noch ein Loch rein muss.

Habe ich neulich Dieter Bohlen gesehen, wie der einen Ballen Stroh hinter sich herzieht. Frage ich den: Warum machste das denn? Sagt der, man kann doch nicht alles im Kopf haben.

Hat mich neulich am Abend in einer ganz bestimmten Gegend eine Frau nach dem Weg gefragt. Sag ich: Der Sprache nach sind sie aber nicht von hier? Sagt die: Nein ich bin aus Paris, voulez-voulez-wulle-wuh? Sage ich: Das trifft sich aber gut, ich hab noch 'nen Landsmann von ihnen in der Tasche.

Ich habe 'nen Freund, der hat sich die Haare „transplantatieren" lassen, von seiner Frau, aus dem Intimbereich. Haste nur ein Problem, du hast immer einen Mittelscheitel, und der Begriff, dir hat man einen Bären aufgebunden, bekommt eine ganz neue Bedeutung.

Ich bin ja schon so lange verheiratet, „aber an die obere Schublade im Schlafzimmerkommödchen, da darfste niemals rangehen", sagt meine Frau – habe ich dann auch nie gemacht, bis letzte Woche. Dann habe ich sie geöffnet, lagen 15.000 Euro drin und drei Eier. Sage ich: „Was machen denn die Eier in der Kommode?" Sagt meine Frau, „ich will es dir gestehen, wir sind ja 20 Jahre verheiratet. Und immer, wenn ich dir fremdgegangen bin, habe ich ein Ei in die Schublade gelegt." Och, sage ich so zu meiner Frau, 20 Jahre und gerade mal drei Eier … Sagt die: „Nun ja, immer wenn die Schublade voll Eier war, habe ich die Eier verkauft."

Um diese Tradition zu finden, lohnt sich ein Blick in die Vergangenheit. Stöbert man in Archiven, findet man dort Typen – im wahrsten Sinne des Wortes – wie **Hans Hachenberg** (Doof Noss), **Heinz Ehnle** † (in Bayern geboren!) oder **Karl Schmitz-Grön** † (der 104 Jahre alt wurde und sich selbst in diesem biblischen Alter die Fähigkeit erhalten hatte, Witze zu erzählen). Und deren Reden haben selbst heute noch eine derart ausgezeichnete Qualität, dass man sie nur behutsam modernisieren muss, um ihren Witz zu erhalten.

Begnadete Reimredner wie **Willi Armbröster** oder **Fritz Schopps** sucht man heute zumeist vergebens. Ein Beweis ihres Könnens ist sicherlich auch die Tatsache, dass beide seit Jahrzehnten die Jecken begeistern. Allenfalls Fritz Schopps kann hier noch mithalten, der mit seiner Märchenfigur des Rumpelstilzchens seit Jahren beständig erfolgreich ist. Schön, dass Schopps Sohn **Martin** die Tradition fortsetzt und als „Redner-schule" durch die Sitzungssäle zieht. Er parodiert dabei ehemalige und aktuelle Größen des Kölner Karnevals sehr gekonnt. Mit dem Diakon **Willibert Pauels** hat zudem der erste echte Geistliche die Bühne des ewigen Lebens mit der des Karnevals – zumindest für die Zeit der Session — getauscht. Und das mit feinem denn Brachialhumor.

Dass die Spezies „Old School"-Büttenredner anscheindend ausstirbt, ist aber gemäß dem kölschen Sprichwort „Et hät noch immer jot jejange" (ungefähr: Noch hat's immer geklappt) kein Grund zu resignieren. Denn neue Redner wie **Jürgen**

Beckers (Jürgen B. Hausmann), der beweist, dass sich Urwüchsiges und Modernes durchaus miteinander verknüpfen lässt und der ebenso den Mut hat, auch einmal selbst geschriebene Witze zu präsentieren, oder der umwerfend komische „Blötschkopp" **Marc Metzger** zeigen, dass die mehr als hundertjährige Tradition der Büttenrede nicht totzukriegen ist, wenngleich sie sich auch regelmäßig dem Zeitgeist unterwerfen und immer wieder neu erfinden muss. In diesem Sinne: Kölle Alaaf.

Ein „Blötschkopp" im Kölner Karnevalshimmel: Marc Metzger

Ein Blötschkopp ist im Kölner Schimpfwörter-Kanon die Bezeichnung für einen dummen Menschen, dessen Kopf eine so große Delle (kölsch: Blötsch) hat, dass kein Gehirn mehr hineinpasst. Mit seiner Figur „Dä Blötschkopp" ist Marc Metzger der neue Stern am Kölner Karnevalshimmel, vergleichbar allenfalls mit dem Hype, den das Colonia-Duett einst ausgelöst hat.

Die Herzen der Karnevalsjecken schlagen schon höher, wenn Sitzungspräsidenten den „Blötschkopp" nur ankündigen. Ist der „kölsche Jung aus Bad Neuenahr", wie er sich selbst bezeichnet, dann einmal auf der Bühne, gibt's kein Halten mehr. In seinem Vortrag kann sich Metzger zu schier wahnwitzigen Wortstakkatos und -verdrehungen steigern. Er kann charmant, witzig-ironisch und rotzfrech sein – und das alles, dank seines perfekten Timings, auch noch gleichzeitig. Metzgers Masche besteht darin, scheinbar ohne fertige Rede oder schlüssiges Konzept vor das Publikum zu treten. Das stimmt natürlich nicht. Im Gegenteil: Der 36-Jährige, der 2008 und 2009 mit dem Närrischen Oscar der Kölner Boulevardzeitung „Express" ausgezeichnet wurde, feilt akribisch an seinen Reden, ist ein gestandener Bühnenprofi und beherrscht sein Metier aus dem Effeff.

Auch für Marc Metzger gibt es Tabus, die man als Büttenredner nicht brechen sollte. Es sind inhaltliche Beschränkungen, die er sich aber selbst auferlegt hat. So zielt Metzger nie unter die Gürtellinie, er verhohnepiepelt keine Randgruppen oder Minderheiten, und Themen, die menschliches Leid betreffen, lässt er in seinen Vorträgen raus. „Es gibt immer jemanden im Saal, der gerade einen dementsprechenden Schicksalsschlag erlitten hat. Darauf sollte man Rücksicht nehmen", sagt er. Und

▶

Marc Metzger hat eine Abneigung gegen platte, hochdeutsche Kraftausdrücke (beispielsweise das unschöne Wort ‚Sch…'). Soll's in der Bütt deftiger werden, empfiehlt er, den eigenen Dialekt zu benutzen: „Dialekt ist ja eigentlich verschlüsseltes Hochdeutsch. Man kann so schön im Dialekt schimpfen." Er ist sich sicher: „Dialekt ist was für die Seele."

Wir haben Marc Metzger um Ratschläge für Büttenredner gebeten. Er hat kurz Luft geholt – und dann zweieinhalb Stunden geredet. Ohne Punkt und Komma. Wie es sich für einen Karnevalisten gehört, sind dabei exakt elf tolle Tipps herausgekommen, die Sie im Anschluss an dieses Kapitel auf S. 74 lesen können.

Best of Blötschkopp

(… spielt auf die Blumendeko auf dem Elferratstisch bei der Fernsehsitzung an): „Ach, die schönen Blumengestecke. Das stammt noch aus der Zeit, als der Elferrat ein Durchschnittsalter über 90 hatte. Das sah dann schöner aus, wenn einer während der Sitzung verstorben ist.

Schön, dass hier heut Abend nicht geraucht wird. Ich war neulich auf einer Sitzung, da wurde so viel geraucht, da war solch ein Nebel, dass die Käse-Igel zurück in die Küche geflüchtet sind

(Frau im Publikum winkt Metzger wild und andauernd zu) Hören Sie auf zu winken, sonst landen die Flugzeuge hier.

(entdeckt im Publikum Jean Pütz, den Erfinder der Hobby-thek), Lieber Bastelfreund, ich hab da mal was vorbereitet. Wenn du dem Konfetti hinschmeißt, denkt der, das wäre ein Puzzle, und setzt es zusammen.

Hier in Köln ist's schön, hier entspringt der Rhein. Und der ist nur so breit, weil die Mosel zum Gratulieren kommt.

Mein Herz schlägt für den 1. FC Köln – aber mein Kopf kann sich die Namen nicht mehr merken. Spricht ja keiner mehr Deutsch. Als neulich immer die Rede von diesem Barack Obama war, dachte ich, der spielt beim FC im Mittelfeld.

Narhallamarsch! Mainz bleibt Mainz, wie es singt und lacht

„Wolle mer 'n eroilosse?" Mit dieser Frage ist **Rolf Braun †** bundesweit berühmt geworden. 25 Jahre lang war Braun Präsident der Fernsehsitzung „Mainz bleibt Mainz, wie es singt und lacht", die von den vier größten Mainzer Fastnachtskorporationen, dem Mainzer Carneval-Verein (MCV), dem Mainzer Carneval Club (MCC), dem Gonsenheimer Carneval Verein (GCV) und dem Karneval-Klub Kastel (KCK) veranstaltet und seit 1973 im jährlichen Wechsel von ARD und dem ZDF ausgestrahlt wird. Zuvor hatte sich der Mann mit

der markanten Hornbrille seine Meriten als Büttenredner verdient. Kein Wunder, dass der wortgewaltige
Karnevalsrecke von dem damaligen rheinland-pfälzi-
schen Ministerpräsidenten und späteren Bundeskanz-
ler Helmut Kohl als Redenschreiber in der Mainzer
Staatskanzlei engagiert wurde. Und somit ist auch klar,
warum Braun in den Sitzungen immer wieder ver-
bale Giftpfeile auf Kohls Erzrivalen Franz Josef Strauß
abschoss.

Damit sind wir bei der Politik – und genau die macht
den Unterschied. Im Gegensatz zum Kölner Fastelo-
vend, bei dem oft Jux und Dollerei im Vordergrund
stehen, ist der Mainzer Karneval politischer, spitz-
findiger und akzentuierter. Die Kunst der politischen
Büttenrede gehört zu Mainz wie der Narhallamarsch –
der Name soll auf ein Wortspiel zurückgehen, in wel-
chem die Wörter Narr und Walhalla zu „Narhalla"
(mit nur einem „r") zusammengezogen wurden. Ein
Beispiel dafür ist **Jürgen Dietz**. Wenn der „waschechte
Mainzer" (Dietz über Dietz) in seiner Rolle „Der Bote
vom Bundestag" in die Bütt tritt, spitzen alle im Saal
die Ohren, denn Dietz' messerscharf formulierte Texte
verlangen absolute Aufmerksamkeit. Eine Zeitung be-
merkte treffend: „Der Spaßvogel sieht seriös aus, lässt
es aber verbal krachen." Auch die legendärste Figur
des Mainzer Karnevals, der an Till Eulenspiegel ange-

lehnte „Till" (zurzeit hat **Friedrich Hofmann** das Amt inne, lange Jahre verkörperte auch **Dr. Dieter Brandt** die Figur) liest den Politikern mit geschliffenen Sätzen gehörig die Leviten. Ebenfalls zum Mainzer Karneval gehört das närrische Protokoll, bei dem der Protokoller die gesellschaftlichen und politischen Ereignisse des vergangenen Jahres kritisch Revue passieren lässt. Hier sei **Karl Heinz Franko** genannt, der 14 Jahre lang Chef des Protokolls war und 1988 mit dem Goldenen Ring des Pegasus, der höchsten Auszeichnung des Mainzer Carneval Clubs (MCC) ausgezeichnet und 1999 zum Gründungs-Rektor der närrischen Rednerakademie des MCC ernannt wurde.

Natürlich gibt es auch in Mainz reine Spaß-Reden, in denen die Tücken des Alltags auf die Schippe genommen werden. Künstler wie **Rudi Zörns †**, **Horst Seitz**, **Klaus Schuler** (der im richtigen Leben Bürgerberater der Stadt Mainz ist), **Otto Dürr** und **Georg Berresheim †** und aktuell **Hildegard Bachmann** („Das XXXL-Model") haben sich in dieser Hinsicht einen Namen gemacht. Ein Paradiesvogel der Karnevalsszene ist **Herbert Bonewitz**, der als Redner kabarettistische Elemente verwendet und als Revoluzzer der Fastnacht gilt.

Nach dem Motto „Nur wer sich verändert, bleibt sich treu" hat sich der Mainzer Karneval immer wieder der Zeit angepasst und auch fremde Dinge mit erstaunlicher Leichtigkeit adaptiert. So stammt der Mainzer Karnevalsruf „Helau!" aus Düsseldorf, seit 2006 gibt es auch in Mainz die Weiberfastnacht (die man von den Kölnern übernommen hat), und den Mainzer Karnevalisten bricht kein Zacken aus der Krone, wenn sie die inoffizielle Kölner Nationalhymne „Viva Colonia" – natürlich umbenannt in „Viva Moguntia" – aus voller Kehle schmettern. Der Titel der Fernsehsitzung „Mainz bleibt Mainz, wie es singt und lacht" ist also tatsächlich Programm. Helau!

Düsseldorfer Karneval:
Wo der Hoppeditz stichelt

Worüber der Düsseldorfer lacht, will der Kölner gar nicht wissen. Das ist einer der vielen Witze, die auf die Rivalität der beiden Städte am Rhein anspielen. Fest steht aber: Auch in der nordrhein-westfälischen Landeshauptstadt wird Karneval gefeiert. Die Symbolfigur des Düsseldorfer Karnevals ist der Hoppeditz („Hoppe" steht im Rheinischen für „hüpfen" und das Wort „Ditz" für Knirps bzw. Kind, so kann der Hoppeditz mit „hüpfendes Kind" übersetzt werden). Er wird am 11. 11. um 11.11 Uhr auf dem Düsseldorfer Marktplatz vor dem Rathaus zum Leben erweckt und hält dann eine Sessions-Eröffnungsrede. Die hat es in sich, denn kritisch-frech wird das angesprochen, was in der Stadt im vergangenen Jahr schiefgelaufen ist. Ziel dieser Spott-Rede ist der Oberbürgermeister, der, gegenüber dem Hoppeditz auf dem Rathausbalkon stehend, sich der Attacken des Obernarren wortreich erwehren sollte. Das ganze Spektakel wird von einer johlenden Menge verfolgt, die sich anschließend ins karnevalistische Treiben stürzt.

Am Aschermittwoch dann wird die Figur des Hoppeditz unter großem Jammern und Wehklagen zu Grabe getragen. Anschließend ertränkt die Trauer-

© Jürgen Hilger-Höltgen

gemeinde ihren Kummer in den umliegenden Kneipen – nicht umsonst wird die Düsseldorfer Altstadt auch als „die längste Theke der Welt" bezeichnet – oder geht zum traditionellen Fischessen.

Eine Düsseldorfer Redner-Institution ist **Jürgen Hilger-Höltgen**, der von 1990 bis 2001 Hoppeditz war und seitdem in diversen Rollen als Bergischer Löwe, als Ex-Karnevalsprinz, als Schneider Wibbel oder als Süßer Jong geglänzt hat. In jüngster Zeit sieht man ihn als „Dat Fimmänchen" (ein Wort aus der rheinischen Mundart für „Ohrfeige" oder „Watsche"), wo Hilger-Höltgen im Kostüm eines Lausbuben der 20er / 30er Jahre auftritt.

Bekannt ist auch **Wolfgang Reich**, der in seinen Reden pointiert den Alltag, Politik und das komplizierte Miteinander von Mann und Frau aufs Korn nimmt.

Starke Typen & Politik: Die fränkische Fastnacht

Selbst wenn das Epizentrum des bundesdeutschen Karnevals im Rheinland liegt, so gibt es auch in Süddeutschland eine lange Rednertradition, vor allem in Franken. Allein in Nürnberg existieren 15 Karnevalsgesellschaften. Höhepunkt des närrischen Treibens ist die Fernsehübertragung der Sitzung „Fastnacht in Franken" im bayrischen Rundfunk „mit einer konstant hohe Einschaltquote von 45 Prozent, ein Traumwert", freut sich Sitzungspräsident **Bernd Händel (www. bernd-haendel.de)** jedes Jahr aufs Neue.

Gefragt sind auf dieser Sitzung – ähnlich wie in Mainz – eher pointierte, politische Redner. Mit einer Einschränkung: „Bei uns kommt's besonders drauf an, die Rede in eine originelle Type zu verpacken. Dazu wird das ganze urwüchsig präsentiert, trocken und bärbeißig", beschreibt Händel den bayrischen, pardon: fränkischen Redenhumor.

Stars wie **Michl Müller** könnten sich dabei auch im politischen Kabarett durchaus beweisen, **Bernd Händel** selbst tritt als glänzender Imitator auf, und **Wolfgang Düringer** begeistert mit seinen Alltagswitzchen („Der Mann ist so dick, der hat sogar eine eigene Postleitzahl. Der hat acht Jahre als Arbeitsloser „geschafft". Und der ist so faul, da bekommt das Wort Gammelfleisch eine ganz eigene Bedeutung.")

Aachen: Wider den tierischen Ernst

Was haben Konrad Adenauer, Gloria Fürstin von Thurn und Taxis, Ephraim Kishon und Kardinal Karl Lehmann gemeinsam? Sie alle sind Träger des „Orden wider den tierischen Ernst". Seit 1950 verleiht der Aachener Karnevalsverein (AKV) die Auszeichnung, die mit Sicherheit zu den medienwirksamsten in der Bundesrepublik zählt. Der Orden wird nur an Persönlichkeiten verliehen, die „Humor und Menschlichkeit im Amt" bewiesen haben, also im Sinne des gesunden Menschenverstandes in einer vertrackten Situation auch mal Fünfe grade sein lassen konnten.

Dass er mit seiner Tat eine solche Tradition eröffnete, hat sich James A. Dugdale, der erste Träger dieses Ordens überhaupt, bestimmt nie träumen lassen: In der Nachkriegszeit war Mister Dugdale Militärstaatsanwalt im britisch besetzten Rheinland. Im Jahr 1949 gab er einem deutschen Missetäter, der einen belgischen Besatzungssoldaten verprügelt hatte, während der fünften Jahreszeit Urlaub – weil er es ihm nicht zumuten wollte, „die höchsten Feiertage im Rheinland" hinter Gittern zu verbringen zu müssen. Die Elferratsmitglieder des AKV waren ob der großzügigen Entscheidung derartig aus dem Häuschen, dass sie spontan beschlossen, den Briten mit einem Orden auszuzeichnen. Das war die Geburtsstunde des „Orden wider den tierischen Ernst".

Natürlich wird die Verleihung des Ordens, der zu Aachen gehört wie die Printen und der Karlspreis, groß gefeiert. Ein Kuriosum: Der „Orden wider den tierischen Ernst" ist der einzige Orden, der nicht für, sondern gegen (wider) etwas vergeben wird.

Tradition ist es auch, dass der letzte Preisträger eine Laudatio auf den neuen Geehrten hält und sich dieser dann mit einer humorigen Rede revanchiert.

Wie launig diese sein kann, bewies der unvergleich-
liche Mario Adorf, Träger 2009 des Ordens. Hier ein
Ausschnitt seiner Rede:

© Aachener Karnevalsverein, Foto: Sabine Brauer

„Liebe Närrinnen und Narren!
Da komm isch in meine Bank.
„Et tut mir leid", sagt mein Anla-
geberater, „aber Ihre Aktien sind
im Keller." Da sag isch: „Wenn
se sich da besser halten ... oder
in eschte Kohle verwandeln, soll
et mir rescht sein."

Neulich geh isch zum Arzt. Der
untersucht mich von oben bis
unten und sagt: „Tut mir leid, im
Moment kann ich nix finden, es
wird wohl der Alkohol sein." Da
han isch jesagt: „Dat macht nix, Herr Dokter, isch kann ja
mal wiederkommen, wenn Sie nüschtern sind."

Meine Frau und isch kennen das Geheimnis einer dauer-
haften Ehe. Zweimal in der Woche jehen wir in ein nettes
Restaurang, jutes Essen, juter Wein, jute Jesellschaft. Sie
geht dienstags, isch geh freitags.

Neulich sagt mir einer, wie nett isch mit meiner Frau bin. In der Stadt säh man immer, wie isch Händchen mit ihr halte. Da hab isch dem gesagt: „Wenn ich sie loslasse, ist sie schon in einer Boutique."

Ich frage meine Frau, wo sie zu unserem 20. Hochzeitstag jerne hin möchte. „Ach," sagt sie „irgendwohin, wo ich schon lange nicht mehr war." Isch sage: „Jeh in die Küsche!"

Isch habe achtzehn Monate nicht mehr mit meiner Frau gesprochen – isch unterbresche sie nicht jerne.

Neulich fahr isch auf der Autobahn statt mit erlaubten 100 satte 180. Da seh isch im Rückspiegel Blaulicht, Polizei. Isch bremse schließlich, fahr rechts ran. Der Polizist kommt und sagt: „Juter Mann, et is Freitagabend, ich hab eijentlich schon Feierabend. Nochmal die janze Schreiberei stinkt mir. Hören Sie zu: Wenn Sie mir erzählen können, warum sie zu schnell jefahren sind, 'ne Geschichte, die ich noch nicht gehört habe, dann drücke isch alle zwei Augen zu." Da sag isch: „Vor zwei Wochen ist meine Frau mit einem Polizisten durchgebrannt. Eben hatte isch Angst, dass Sie sie mir wieder zurückbringen." – „Fahren Sie. Jutes Wochenende!"

Auf den Punkt:
11 Tipps von Marc Metzger

1. Finde deine Form

Was will ich darstellen, wer will ich sein, was ist das besondere an der Figur? Diese Fragen müssen im Vordergrund stehen. Wenn ich eine klassische Typenrede, bei der der Redner eine bestimmte Figur darstellt, halten möchte, sollte das Alleinstellungsmerkmal der Figur beachtet werden. Die Formgebung ist wichtig, weil ich mit ihr – zumindest dann, wenn ich beabsichtige, über einen längeren Zeitraum in die Bütt zu steigen –, einen Wiedererkennungswert schaffe.

2. Kostüm ist wichtig

Aus der Form leitet sich das Kostüm ab. Gehe ich beispielsweise als Jäger, muss das Kostüm auch genau das widerspiegeln, das heißt, dem Zuschauer muss sich mit dem ersten Blick erschließen, wer da vor ihm steht. Aber Vorsicht: „Je genauer ich die Form und damit das Kostüm definiere, desto enger muss ich anfangs auch meine Inhalte anlegen", sagt Marc Metzger. Daher sind allgemein angelegte Figurentypen erst einmal dankbarer.

3. Woher bekomme ich meine Pointen?

Marc Metzger spricht vom „Sammeln und Jagen". Also Zeitungswitze ausschneiden, witzige Sprüche aufschreiben, Gespräche an der Theke aufschnappen usw. „Hol dir den Humor aus dem Volk", sagt Metzger. Deshalb sein Tipp für die eigene Rede: „Erzähle aus dem Leben!"

4. Die Rede planen

Wo will ich mit meiner Rede hin? Es muss einen roten Faden geben, ein Thema, dass sich von Anfang bis Ende durchzieht. Metzger nennt das „die Zuhörer mit auf eine Reise nehmen". Mit anderen Worten: Eine Rede braucht eine Dramaturgie. „Eine gute Rede ist wie eine emotionale Achterbahnfahrt. Bei einem 20-minütigen Vortrag stellt sich die Frage, welche Kurve ich fahren will." Wichtig ist ein guter Einstieg, um das Publikum auf seine Seite zu bekommen. Vor dem Ende der Rede sollte eine „kleine Talfahrt" eingelegt werden, damit der Schlussgag umso besser zündet.

5. Die Rede schreiben

Gute Witze sind kurz und knackig. „Witze sollte man auf das Wesentliche entkernen. Dinge, die der Witz nicht braucht, müssen weg. Immer die Pointe im Auge behalten". Einen Witz einfach abzunudeln bringt nichts! „Mach eine Geschichte aus dem Witz". Und

Bindesätze zwischen den Pointen nach dem Motto „Neulich traf ich meinen Freund Franz …" bitte ver-

© Marc Metzger

meiden. Zuletzt sollte ein Verabschiedungssatz kommen, mit dem man dem Publikum Adieu sagt. Dieser Satz muss auch zur Figur passen und kann so zu einem weiteren Markenzeichen werden. Apropos Figur: Die Anzahl der Pointen und die Sprechgeschwindigkeit hat auch mit der geschaffenen Figur zu tun. Stelle ich als Redner eine leicht beschwipste Type dar, muss ich, um der Rolle gerecht zu werden, langsamer sprechen. Das wirkt sich auf die Gagdichte meines Vortrags aus.

6. Üben, üben, üben …

Steht die Rede, dann ist es sinnvoll, sie in Überschriften zu unterteilen. So kann man sie sich besser merken. Zudem muss man die Rede nicht Wort für Wort auswendig lernen, denn: „Hänger kommen meist, weil einem ein bestimmtes Wort nicht mehr einfällt", so Metzger. Beim Einüben und Auswendiglernen der

Rede: Laut lernen und sich dabei bewegen, denn „im Saal bewegen sich die Leute ja auch ständig." Wo teste ich meine Rede? An der Theke, bei Familienfeiern oder auch beim Lebenspartner. Zu Hause die Rede auch im Kostüm proben, damit die Verkleidung zur zweiten Haut wird.

7. „Lebe deine Rede"...

... und nicht „Rede deine Rede". Sobald Marc Metzger sein Kostüm anzieht, geht mit ihm eine Verwandlung vor: „Ohne Kostüm erkennt mich niemand, aber sobald ich das Jackett anziehe, bin ich der ‚Blötschkopp'." Metzger visualisiert sich die Rede, er hat eine bildliche Vorstellung von dem, was er gerade erzählt. „Wenn ich von der Kölner Domplatte spreche, dann sehe ich mich vor meinem geistigen Auge während meines Vortrags auch wirklich dort herumlaufen."

8. Und was ist bei Lampenfieber?

„Wer kein Lampenfieber hat, der ist nicht gut", ist sich Marc Metzger sicher. Für ihn gehört das Nervenflattern vor dem Auftritt, das sich aus dem Respekt vor dem Publikum ergibt, mit dazu. „Das beste Gegenmittel ist eine gute Vorbereitung." Und noch ein Tipp: „Hände weg vom Alkohol." Der hilft überhaupt nicht, sondern macht's im Gegenteil nur noch schlimmer.

9. Fehler, die man vermeiden sollte

Was man in der Bütt nicht machen sollte: Aus Nervosität beim Sprechen immer schneller werden, nach dem Motto „Wer schneller spricht, hat früher frei". Im Publikum kann der Eindruck entstehen, dass der Redner möglichst schnell wieder runter von der Bühne will. Deshalb während des Vortrags im vorher festgelegten Sprechrhythmus bleiben. Und man sollte sich nie – Nie! – gegen das Publikum wenden, auch dann nicht, wenn die Zuhörer pfeifen.

10. Stehlen verboten!

Texte von Kollegen zu klauen gehört sich nicht. Eigentlich eine Selbstverständlichkeit, aber …

11. Ein kleiner Trost

Oft kommt es auf das Wie und nicht auf das Was an. Auch ein platter Witz kann gut kommen, wenn man ihn denn auch als platt verkauft. Der Stoßseufzer „Gott, ist der flach …" des Redners kann Lacher bringen.

Polizeischutz für den Büttenredner: Randale in Flörsheim

Nach der Rede gab's kein Halten mehr: Die Meute buhte, fluchte und beschimpfte den Jecken in der Bütt aufs Übelste. Unter Polizeischutz schließlich musste der Karnevalist vor dem Mob in Sicherheit gebracht werden. Und das alles nur, weil er es gewagt hatte, sich über den organisierten Frohsinn ein wenig lustig zu machen …

Es gibt Legenden, die sind einfach zu schön, um wahr zu sein: Im Internet kursiert seit Jahren eine berühmt-berüchtigte Büttenrede, die das Genre ad absurdum führt und bei eingefleischten Karnevalshassern Kultstatus erlangt hat. Den Vortrag soll ein Karnevalist – im Netz wird er immer nur anonym „ein Redner" genannt – 1995 in der hessischen Karnevalshochburg Flörsheim am Main (20 000 Ein-

© Oliver Kalkofe

wohner) gehalten haben. Und nach der kritischen Rede sollen die Flörsheimer Karnevalisten (Fastnachtsruf „Hall die Gail!", zu Deutsch „Haltet die Gäule!") derart auf Krawall gebürstet gewesen sein, dass sie dem Redner an die Wäsche wollten.

So weit, so schlecht. Denn an dieser Legende stimmt, schlichtweg gesagt, nichts. In Wahrheit wurde die Rede nie gehalten, nicht in Flörsheim oder sonst irgendwo auf der Welt. Vielmehr wurde sie am 4. Februar 2000 in der Programmzeitschrift „TV Spielfilm" veröffentlicht. Das freche Bühnenepos stammt aus der Feder des TV-Entertainers Oliver Kalkofe („Kalkofes Mattscheibe", „Der Wixxer"). Der bekennende Karnevalsmuffel schrieb die Rede für seine *TV Spielfilm*-Kolumne „Kalkofes letzte Worte". Wie die Rede dann später ins Internet geriet und dort Berühmtheit erlangte, kann sich Kalkofe selber nicht erklären. Ihn stimmt es sogar wehmütig, dass die Legende geplatzt ist (siehe Interview).

Auch an der abenteuerlichen Rahmenhandlung ist nichts dran. Die Flörsheimer Karnevalisten wollten dem Redner mitnichten an die Wäsche, sondern haben sich ganz im Gegenteil über Kalkofes Rede nachweislich köstlich amüsiert. Womit erneut bewiesen ist, dass auch Karnevalisten Spaß verstehen.

Hessische Büttenrede (Narhallamarsch)
(abwechselndes Versmaß, vierfüßig)

„Alaaf und Helau! – Seid ihr bereit?
Willkommen zur Beklopptenzeit!
Mer kenne des aus Akte X,
-   x   -   x   -   x   - x
doch Mulder rufe hilft da nix,
-     x   -   x - x   -   x
des kommt durch Strahle aus dem All,
und plötzlisch ist dann Karneval! (Tusch)

Uff einen Schlach wird'n alle dämlisch,
denn das befiehlt das Datum nämlisch!
Es ist die Zeit der tollen Tage,
so eine Art Idiotenplage,
eine Verschwörung, blöd zu werden,
die jährlich um sich greift auf Erden.
Ei' wahre Ausgeburt der Hölle,
und Ausgangspunkt davon ist Kölle! (Tusch)

Denn dort gibt's nisch nur RTL,
das Fernseh-Einheitsbrei-Kartell,
sondern aach jede Menge Jecken,
die sisch auf Nasen Pappe stecken,
in Teufelsse<ten sich gruppieren
danach zum Elferrat formieren

und dann muss selbst das dööfste Schwein
dort auf Kommando fröhlich sein. (Tusch)

Auf einmal tun in allen Ländern
die Leude sisch ganz schlimm verändern
Sie geh'n sisch hemmungslos besaufe
und fremde Mensche Freibier kaufe
schmeiße sisch Bonbons an die Schädel,
betatsche Jungens und aach Mädel
und tun eim jede, den sie sehen,
ganz fuschtbar uff de Eier gehen!
Sie tun nur noch in Reime spreche
und sind so witzisch, man könnt' breche,
bewege sisch in Polonäsen,
als trügen sie Gehirnprothesen,
man möschte ihnen – im Vertrauen
am liebsten in die Fresse hauen!
(Tusch und Konfetti-Kanone)

Doch was soll man dagege mache?
Soll man vielleicht noch drüber lache?
Es hilft kein Schreie und kein Schimpfe,
man kann sisch nich mal gegen impfe,
die Macht der Doofen ist zu staak,
als dass man sisch zu wehr'n vermag!
(kein Tusch)

Am besten ist, man bleibt zu Haus
und sperrt den Wahnsinn aanfach aus.
Man schließt sich ein paar Tage ein
und lässt die Blöden blöde sein!
Der Trick ist, dass man sich verpisst
bis widder Aschermittwoch ist!
Und steht ein Zombie vor der Tür,
mit so 'nem Pappnasengeschwür,
und sagt statt „Hallo" nur „Helau",
dann dreh sie um, die dumme Sau,
und tritt ihr kräftisch in den Arsch
und ruf dabei: „Narrhalla-Marsch!"

„Komasaufen im Katasteramt"
Interview mit Oliver Kalkofe

Hätten Sie gedacht, dass ein Sketch derart großen Wirbel auslösen kann?

Nein, auf keinen Fall. Besonders spannend fand ich aber die Legende, die sich um diese Rede schmückte, dass der Redner unter Polizeischutz von der Bühne gebracht werden musste und so weiter. Ich selbst bekam auf einmal über mehrere Verteiler die Rede mit der kleinen Geschichte dazu, las sie und dachte plötzlich: Hey, das ist doch von mir! Und war eigentlich mal nur eine Kolumne für die TV Spielfilm … Was wieder einmal zeigt, wie langweilig doch die Realität ist. Es tut mir fast leid, diese wunderschöne Legende so zu zerstören.

Herr Kalkofe, wechseln Sie jetzt das Fach und werden Büttenredner?

Wenn es sich irgendwie vermeiden lässt, dann lieber nicht. Obwohl ich es nicht ausschließen möchte, eines Tages vielleicht noch mal eine zu schreiben.

Was halten Sie generell von Büttenreden respektive Karneval?

Als Kind habe ich Karneval geliebt, das Verkleiden, die offizielle Erlaubnis, lustig sein zu dürfen. Heute brauche ich das nicht mehr. Verkleiden kann ich mich in meinem Beruf, und zum Fröhlichsein brauche ich keine Erlaubnis mehr. Das ist auch das Schwierige an der ganzen Geschichte: Karneval hat für mich nicht mehr das Anarchische, Freche und Lockere, das es eigentlich haben sollte. Es kommt mir immer mehr vor wie staatlich verwaltete Fröhlichkeit, Heiterkeit streng nach Din-Norm und alles so durchstrukturiert wie Komasaufen im Katasteramt. Das ist nicht so mein Ding. Und die Büttenrede als intellektuelles Feigenblatt zum späteren Besäufnis scheint mir da auch nicht mehr zeitgemäß. Ich feiere lieber einfach so, ohne amtlich zugelassene Pappnase.

Das Meisterstück:
Die Litsch-Rede

Im altkölschen Sprachgebrauch bedeutet „letsche" gleiten oder ausrutschen. Zudem gab es im alten Köln im 19. Jahrhundert die Straße „Op der Letsch", eine Schräge, die bei nassem Wetter oder bei Eis und Schnee eine wahre „Letschbahn" war. In späteren Zeiten wandelte sich der Begriff im neukölschen Sprachgebrauch in „litsche" um.

Auch auf der Karnevalsbühne setzte sich der Begriff durch. Man sprach von einer Letsch-, später dann von der Litsch-Rede, wenn der Büttenredner die Pointen verhaute, den Faden verlor oder er schlicht olle Kamellen präsentierte. Dazu intonierte die Kapelle dann auch keine Tusche, sondern schrägste Dissonanzen.

Zwar waren die meisten sogenannten Litsch-Redner eher unfreiwillig zu dieser zweifelhaften Betitelung gelangt, aber Könner wie Horst Muys präsentierten ihre Litsch-Reden gewollt. Sehr zur Erheiterung ihres Publikums, das seinen Spaß daran hatte, wenn der Redner vermeintlich baden ging. Der kölsche Gesangspoet Jupp Schmitz wurde sogar derart vom Publikum

„gelitscht", dass er sich die Kritik durchaus zu Herzen nahm. Er soll 1963 sein Lied „Der Hirtenknabe von St. Kathrein" in einem Hirtenkostüm vorgetragen haben. Diese Kostümierung stieß den Jecken übel auf, sie pfiffen ihn von der Bühne.

Später sang er sein Lied dann nicht mehr kostümiert und in einer speziellen Version:

Aus dem schönen Alpenland
kam nach Köln am Rhein
einst ein Knabe braun gebrannt
und brach furchtbar ein.
In der Lederhose trat er vors Publikum
und sang eine Moritat,
und das nahm man ihm krumm,
oh wie dumm, oh wie dumm, oh wie dumm.

Der Hirtenknabe von Sankt Kathrein,
der denkt noch heute an Köln am Rhein.
Er sang seine Lieder,
da pfiffen die Brüder,
drum singt er nur noch in Sankt Kathrein.

Erst in der jüngeren Karnevalszeit wagen sich wieder einige Künstler an die Litsch-Rede ran. Beispielsweise etwa **Didi Jünemann**, Kabarettist und festes Ensemblemitglied der alternativen Kölner Stunksitzung. Er litschte einige Kölner „Heiligkeiten" und erntete stante pede die (gewollten) Pfiffe und Buhrufe des Publikums, das vor Freude schier aus dem Häuschen war. Der *Kölner Stadt-Anzeiger* hat diese gekonnte Litschrede in Auszügen dokumentiert:

Kölner Altstadt:

„Dies Euro-Disneyland für Alkoholiker, wo sich grölende Touristenhorden dieses ekelhafte Drecksbier reinziehen – nur um es hinterher in den Rhein zu pissen? Nee, ist doch wahr. Wo auch immer ich mir in Deutschland ein Bier bestelle, bekomme ich ein Bier. Gut, das kann ein Pils sein, ein Export, ein Weizen oder auch mal ein leckeres Alt. Nur hier präsentiert man mir diese undefinierbare, gelbe Plörre."

Kölner Dom:

„Diese vielen Kirchen hier! Wozu? Völlig überflüssig. Wenn sie alle Kölner, die sonntags in die Kirchen gehen, zusammenpacken, dann passen die locker ins Wohnzimmer von Kardinal Meisner. Amen!"

Mehr Skandälchen denn Skandale

Auch wenn der alternative und sogar der offizielle Karneval gerne mal für einen Skandal gut sind und sich Klerus oder Politik beispielsweise über eine barbusige Persiflage der Bundeskanzlerin echauffieren – bei den Büttenrednern ist Ruh'. Was teilweise sicher auch bedauerlich ist, haben die Redner doch über die Jahrzehnte an politischer Schärfe eingebüßt und sich mitunter zu deutlich an den Comedians orientiert.

Ganz anders die Situation noch vor ein paar Jahrzehnten, als etwa **Horst Muys** (1925–1970) vom Festkomitee Kölner Karneval zur Persona non grata erklärt wurde. Der begnadete Entertainer hatte nämlich neben seinem eher unsteten Lebenswandel ein weiteres Problem: seine Passion für durch und durch versaute Witze. Die empörten im spießigen Köln der späten 60er-Jahre Teile der Bevölkerung derart, dass sich der damalige Kölner Oberbürgermeister Theo Burauen gar genötigt sah, eine peinliche Kampagne „sauberer Karneval" zu starten und das Festkomitee dazu antrieb, Muys von der Bühne zu verbannen. Eigentlich schade, denn

Muys' Wortwitz und sein komödiantisches Bühnen-talent sind bis heute unerreicht.

Das beweist nicht zuletzt die Tatsache, dass man Muys' herrlichen Schweinkram selbst heute noch im iTunes-Store von Apple beziehen kann. Und Wolfgang Reich, ein Redner, mit dem Muys bereits früher gemeinsam auftrat, gehört immer noch zu den fest eingeplanten Top-Acts der meisten Herrensitzungen.

Kleine – absolut jugendfreie – Kostprobe von Horst Muys:

„Was ist Sex? Ich habe neulich eine Nonne getroffen die einen Kinderwagen schob. Ich sage: „Ei der Daus, ist das ein Klostergeheimnis? Sie: Nein, ein Kardinalfehler."

„... plötzlich kommt man in eine Gegend, wo immer die Lampen brennen. Sie wissen Bescheid, an der Türe stehen die Mütter, dekolletiert bis zum Opferstock."

„Welche Witze soll ich erzählen, die anständigen oder die-jenigen, weswegen Sie heute hergekommen sind?"

Die unerreichte **Trude Herr** hingegen drehte den Spieß um, sie sagte ihrerseits der Karnevalsbühne adieu. Die Volksschauspielerin schrieb 1953, gemeinsam mit ihrem Mentor Gustav Schellhardt, eine Büttenrede, die sie mit viel Erfolg im Karneval vortrug, berichten die beiden Autorinnen Ursula Köhler-Lutterbeck und Monika Siedentopf, „als eine der ersten Frauen im Karneval der Session 1954/55." Ermutigt von dem ersten Erfolg, legt die stets etwas rebellische Trude Herr nach und schrieb eine Rede mit kritischeren Zwischentönen („Die Karnevalspräsidentengattin"). Diese passte jedoch dem Festkomitee nicht, und es verbot ihr den Auftritt mit dieser Rede, worauf die Schauspielerin das Handtuch warf und meinte: „Das Festkomitee und sein Karneval sind humorlos."

Karl Küpper: Rückgrat selbst unter der Nazi-Diktatur

Im wahrsten Sinne des Wortes schwungvoll enterte **Karl Küpper** (1905–1970) immer die Bütt, sprang sportlich auf den Rand der Vortragskanzel und hielt rotzfreche Spottreden. Nicht immer rhetorisch geschliffen, aber stets volksnah, das Herz auf der Zunge – und mit Rückgrat.

Denn Küpper hatte eine Abneigung gegen die Nazis und zeigte sie auch während der NS-Diktatur. So hielt er in der Session 1935/36 eine Rede als „jecker Berichterstatter" von einem Völkerbund-Treffen in Genf: „Auf der Straße traf ich 'ne paarfache Millionär. Der arme Teufel hatte sich in Deutschland vierzehn Jahre als Parteisekretär durchgehungert." Aus heutiger Sicht eine Lappalie, damals eine durchaus gefährliche Bemerkung.

▶

Noch wesentlich dreister war seine Imitation des Hitler-grußes. So soll er einmal den Arm gehoben und gefragt haben: „Rähnt (regnet) es?" Anschließend habe er die Hand zur Faust geballt und geschimpft: „Nä, su e Wedder (Wetter)!". Oder (erneut mit Hitler-Gruß): „Esu huh litt bei uns d'r Dreck em Keller!" – „So hoch liegt bei uns der Dreck im Keller!".

Die Nationalsozialisten belegten ihn auch deshalb mit einem Auftrittsverbot. Er hielt sich jedoch nicht daran und konnte sich dem Vernehmen nach nur durch einem freiwilligen Dienst im Fronttheater der Wehrmacht einer Verhaftung durch die Gestapo entziehen.

Auch nach dem Krieg blieb Küpper der närrischen Bühne treu. Zurückgekehrt aus amerikanischer Kriegsgefangen-schaft, nahm er die Zustände unter der Besatzung aufs Korn und spottete über die Entnazifizierung.
(aus dem Kölschen übersetzt)

„Die Sitzung neulich war ein voller Erfolg. Unsere Trizo-nen-Schutzengel waren auch da. Die Militärgouverneure Clay, Robertson und Koenig. Wie einer von denen auf-stand, dachte ich: „Gott sei Dank, die gehen heim!" Ich ging zu den dreien und frug ganz anständig: „Verzeihung, wann geht ihr eigentlich?" Wenn ich das früher gefragt hätte, hätte ich direkt gesessen. Aber heute haben die eine andere Taktik. Die lassen einen stehen und gehen."

„Wollte ich neulich beim meinem Chef vorsprechen, wollte mich der Doofmann nicht in sein Büro lassen. Ist doch wirklich komisch. Früher ist man durch die Nazis rausgeflogen – und heute weiß man durch die Nazis nicht mehr hereinzukommen."

Büttenreden – manchmal ein ernstes Thema ...

Büttenreden – ein ernstes Thema ...

Büttenreden können ein ganz schön ernstes Thema sein. Vor allem dann, wenn es vor den Kadi geht. Denn merke: „Vor Gericht und auf hoher See ist man allein in Gottes Hand" – und spätestens hier hört der Spaß ja bekanntlich auf. Mit dem Bundesfinanzhof und dem Bundessozialgericht haben sich gleich zwei der fünf obersten Gerichtshöfe Deutschlands an dem Themenkomplex Büttenrede abgearbeitet. In den Fällen ging es nicht um mögliche Ehrabschneidereien oder Beleidigungen, also Inhalte von Reden. Nein, es ging um etwas viel Höheres: Die Gerichte hatten der Frage „Sind Büttenreden Kunst?" nachzugehen. Hält man sich die Entscheidungen der beiden Gerichte vor Augen, ist die Frage mit einem klaren „Jein!" zu beantworten.

Laut einem Urteil des in München beheimateten Bundesfinanzhofes (BFH) sind Büttenreden keine Kunst. Was war geschehen? Ein Mann, der im Kölner Karneval als Redner aufgetreten war, hatte sich zur höchsten Instanz der Finanzgerichtsbarkeit heraufgeklagt. Der Kläger vertrat die Auffassung, dass die von ihm als Büttenredner erzielten Einkünfte dem ermäßigten Steuersatz unterliegen müssten. Schließlich seien die Einkünfte einer künstlerischen Tätigkeit entsprungen. Das zuständige Finanzamt hatte das anders gesehen – und den ermäßigten Steuersatz abgelehnt. In seiner Entscheidung (Urteil vom 26. Februar 1987, Az.: IV R 105/85) kam der BFH zu dem Schluss, dass die Büttenreden des Klägers „keine eigenschöpferische Tätigkeit mit einer gewissen Gestaltungshöhe" darstellten. Es fehle an einer eigenschöpferischen Tätigkeit, wenn der Redner mit Schablonen arbeite und die Rede – wenn auch mit diversen Variationen – immer wieder vortrage. Auch das Argument des Klägers, dass die Vorträge in kölscher Mundart und in humorvoller Weise gehalten worden seien, zog vor Gericht nicht. Dies genüge nicht den Anforderungen an eine eigenschöpferische Tätigkeit, so die Richter in ihrer Begründung.

Zu einer anderen Entscheidung kamen die Richter des Bundessozialgerichts (BSG) in Kassel. Demnach seien Büttenredner immer selbständige Künstler im Sinne des Künstlersozialversicherungsgesetzes – und zwar, ohne „dass es auf die Qualität ihrer Darbietung ankommt". Mit der Frage, ob die Reden schablonenhaft oder nicht gehalten würden, gab sich das BSG gar nicht ab. Die Leistung der Büttenredner sei Kunst und deshalb müssten Karnevalsgesellschaften – genau wie

Theater- und Musikagenturen auch – für die Darbietung ihrer öffentlichen Veranstaltungen Abgaben an
die Künstlersozialkasse leisten (Urteil vom 30. Februar
1997, Az.: 3 RK 22/96).

Manchmal stellt sich bei Büttenreden aber gar nicht die
Frage, ob sie nun Kunst sind oder nicht. Bei den Vorträgen kann auch Gefahr im Verzug sein. So geschehen
im „Haus der Erholung" im Ostseeheilbad Ahlbeck auf
Usedom: Im Rahmen einer DDR-Karnevalswerkstatt
war Roland Stadelmann am 22. April 1989 als „Helios,
der Sonnengott" aufgetreten. In seiner Rede zog Stadelmann alle Facetten des Lebens in der DDR durch den
Kakao. Er nahm in seiner Rede sogar die Staatssicher-
heit aufs Korn – wohlwissend, dass die Firma „Horch
und Guck" mit im Saal saß: „Ich zupfe die Harfe, plim,
plim und bin schon ganz schlapp, hoffentlich kann
meine Rede die Sicherheit ab." Das konnte sie nicht.
Für die Stasi-Schergen, die Stadelmann bereits länger
auf dem Kieker hatten, war angesichts dieser Unver-
frorenheit das Maß endgültig voll. Sie beschafften sich
den Vortrag und kamen zu dem Schluss, dass in der
Rede „massive Kritik an den gesellschaftlichen Ent-
wicklungsprozessen in der DDR" enthalten war. Die
Folge: Über die Abteilung Volksbildung schoben die
Schlapphüte „Disziplinierungsmaßnahmen" gegen den
als Lehrer arbeitenden Stadelmann an.

Doch dem kecken Redner eilte der Mantel der Geschichte zu Hilfe: Durch die Wende im Herbst 1989 und die anschließende Wiedervereinigung verlief die Angelegenheit im Sande. Den Staat, den Stadelmann in seiner Rede auf die Schippe genommen hatte, gab es nicht mehr. Auf den Internetseiten der „Bundesbeauftragten für die Unterlagen des Staatssicherheitsdienstes der ehemaligen Deutschen Demokratischen Republik" (kurz: BStu) ist der Fall dokumentiert: „http://www.bstu.bund.de" www.bstu.bund.de

Das literarische Komitee: Der Talentschuppen des Karnevals

Der rheinische Karneval mit Gagen von zuweilen mehr als 1.000 Euro pro 30-minütigem Auftritt lockt auch so manch vermeintliches Talent auf die Bühne. Glücklicherweise haben jedoch die karnevalistischen Künstlervereinigungen seit Jahrzehnten sogenannte Vorstellnachmittage und Vorstellabende in ihr Programm gehievt. Dort zeigen, neben Bands und Tanzgruppen etwa, auch neue Büttenredner vor den Programmmanagern – Literaten genannt – der großen Gesellschaften ihr (Nicht)Können. Die Literaten buchen daraufhin die Nachwuchskräfte für ihre Prunksitzungen zusammen. Wenn Sie einmal die Möglichkeit haben, eine solche Veranstaltung zu besuchen, gehen Sie unbedingt hin, ein Vorstellabend ist mitunter humoriger als jedes DSDS-Casting!

Nachdem manche „Künstler" hier die knallharten Reaktionen des Fachpublikums („Aufhören!"-Rufe gibt es selbst hier) und der Lokalpresse am eigenen Leib erfahren durften, haben sie sich glücklicherweise dafür entschieden, weiterhin ihren ursprünglichen

Beruf auszuüben. Allerdings findet man auf solchen Veranstaltungen auch immer Talente, die vom ersten Auftritt an begeistern und die sich die Literaten noch am Abend unter den Nagel reißen.

Auch passiert es, dass manch Redner den gut gemeinten Rat bekommt, noch etwas an seiner Performance zu feilen. Und hier kommt oft eine beispielhafte und sinnstiftende Institution des Festkomitees Kölner Karneval zum Trager: die Akademie des literarischen Komitees.

Dort haben karnevalistische Nachwuchsredner die Möglichkeit, sich mittels Ausbildungsplans von Fachleuten zielgerichtet in drei Jahren für die rheinischen Bühnen ausbilden zu lassen. Die Ausbildung kostet den Teilnehmer pro Semester 90 Euro. Die regionale Sparkasse unterstützt diese Arbeit, ebenso die „Akademie för uns kölsche Sproch". (http://www.koelsch-akademie.de)

Zur Aufnahme verlangen die Karnevalsoberen eine CD oder DVD mit rednerischen Kostproben sowie einem ausführlichem Lebenslauf. Bewerben können sich zukünftige Büttenredner dann beim:
Festkomitee des Kölner Karnevals von 1823 e.V.
Literarisches Komitee – Die Akademie
Maarweg 134–136, 50825 Köln
http://www.koelnerkarneval.de/66.html

„Fang bloß keinen Streit an" – Reden vor einem kritischen Publikum

Kurt Freischläger hat mal Heilpädagoge gelernt. Und sein damals erlerntes Wissen kann er selbst in der fünften Jahreszeit durchaus noch an den Mann bringen – besser: an die Frau. Denn der Vollblutkarnevalist aus dem Rechtsrheinischen hat den härtesten Job des Kölner Karnevals, er leitet die „Damensitzung" der Karnevalsgesellschaft „Fürstenberg" im Kölner Vorort Flittard – was allerdings eine gelinde Untertreibung ist. Denn die berühmte Sitzung ist alles anderes als ein Bridge-Kränzchen.

Knapp 2 000 jecke Wiever schunkeln, tanzen, singen ausgelassen und lassen das riesige Festzelt erbeben. Keine Frage: Wer's hier geschafft hat, seinen Vortrag bis zum Ende zu bringen und mit Applaus die Bühne wieder zu verlassen, ist ein gestählter Karnevalist. Das weiß auch Freischläger, dessen Tipps sich jeder (Hobby-)Büttenredner zu Herzen nehmen sollte, der seine Witze vor einem – sagen wir mal – eigenwilligerem Publikum vortragen möchte.

„In der Ruhe liegt die Kraft", so lautet demnach Freischlägers erster Rat, denn: „Wer in solch einem Hexenkessel auftritt und kurz vorher noch Hektik hatte, gerät schnell außer Fassung." Und er warnt: „In einer solch aufgedrehten Atmosphäre kurz vorher noch seinen Text zu lernen, ist illusorisch. Der Text muss sitzen – und wenn nicht: Augen zu und durch", sagt der kölsche Karnevalsexperte. Ganz wichtig: „Geht mal ein Witz daneben, weil man die Pointe vergessen hat, ruhig den Fehler zugeben", rät Kurt Freischläger, der selbst über eine reichhaltige Erfahrung als Büttenredner, Moderator und Conférencier verfügt.

Merkt man jedoch, dass die sehr ausgelassene Stimmung mehr in Richtung Tumult tendiert, darf man einen Kardinalsfehler auf keinen Fall begehen. Freischläger: „Auch wenn sich jemand aus dem Publikum abfällig und gar unter der Gürtellinie äußert – egal. Wenn man mit diesem Zeitgenossen Streit anfängt, hat man schnell den ganzen Saal gegen sich."

Fazit: „Wenn's nicht so läuft bei der Büttenrede, wie man es sich vorgestellt hat: „Mund abputzen, weitermachen und als Erfahrung verbuchen", rät Karnevalist Freischläger.

„De Kommelion", die Ehe und die Politik: Bunte Themen für jeden Anlass

Nachdem Sie nun alles Wissenswerte über die Büttenrede erfahren haben und über das Rüstzeug für den Auftritt in der Bütt verfügen, können Sie auf den folgenden Seiten in einem großen Fundus an Reden stöbern. Hier finden Sie bestimmt das Passende für Ihren Anlass: Von der Familienfeier über Zwischenmenschliches bis hin zur politischen Rede. Das Beste: Viele dieser Reden sind von Profis geschrieben, also exakt getimt und mit den Pointen an den richtigen Stellen versehen. Zudem vielfach bühnen- und somit „lacherprobt". Wir wünschen Ihnen – und natürlich Ihrem Publikum – viel Freude:

Reden für die Familienfeier:

De Kommelion – „Der schönste Tag in meinem Leben!"

… wo wir gerade bei Festen sind, sollten wir eines nicht übergehen, das zumindest in katholischen Gegenden, also auch im Rheinland als das wichtigste Fest im Leben gilt.

Offiziell heißt dieses Fest „die erste heilige Kommunion". Im Rheinland hingegen nennt man dieses Fest „Kommion" oder, noch treffender, „Kommelion". Und damit man dieses schwere Wort erst gar nicht aussprechen muss, sagt man weder „Kommion" noch „Kommelion", sondern einfach: „Der Jung jeht mit !" Der Jung jeht mit, voriges Jahr ist das Mädchen mitgegangen, und keiner weiß, wohin. Dann kommt, gerade in ländlichen Gegenden eine grüne Girlande rings um die Haustür auf der oben ein Schild prangt mit der Überschrift:

„DER SCHÖNSTE TAG IN MEINEM LEBEN"
Dabei ist diese Bezeichnung höchst fragwürdig, denn die kleinen Mädchen und Jungen bekommen mit acht oder neun Jahren ein enges Kleid oder einen

engen Anzug an und dürfen sich den ganzen Tag nicht mehr bewegen. Von ihren Eltern meist liebevoll ermahnt: „Bleib ruhig sitzen, sonst kriegst du sie gepisselt, heut' ist der schönste Tag in deinem Leben." Dabei ist die heutige Form

schon Kommelion light. Früher mussten die Kommelionskinder nüchtern, also ohne Essen und Trinken, zur Messe gehen, und die alten, noch tridentinisch geformten Pastöre hatten den Ehrgeiz, die Kinder durch ein dreistündiges lateinisches Hochamt ins Koma zu singen, meist befördert durch Unmengen an Weihrauch, der quasi als Narkotikum diente.

Heute ist erst Messe und dann ... Brunch. Brunch bedeutet, dass man alle Mahlzeiten durcheinandermischt, und zwar mit einer Menge Sekt dabei. Das Ganze würde dann in eine endlose Fresserei und Sauferei münden, aber da hat die Kirche – aus Gnade – um drei Uhr eine Andacht dazwischengeschoben, sozusagen eine Fatburner-Messe, und so sieht man kurz vor drei alle zur Andacht strömen, die sich gegen vier Uhr dann auf das Küchenbuffet stürzen.

Gegen Abend endet das Ganze dann, wie alles im Rheinland, in Karneval oder, wie man hier sagt, Fastelovent. Es wird gesungen, geschunkelt, getanzt. Nur das arme Kommelionskind wird ins Bett geschickt, mit der liebevollen Ermunterung: „Du machst jetzt, dass du ins Bett kommst, das war der schönste Tag in deinem Leben!"

So liegt das Kind dann unglücklich oder zumindest nachdenklich in seinem Bett, hört noch, wie seine Familie Karnevalslieder singt, und denkt: „Was wird das für ein Scheißleben, wenn das heute der schönste Tag war!"

(aus: Jürgen B. Hausmann „Spül' mir das Lied vom Tod! Männer im Haushalt und andere Dramen", http://www.juergen-beckers.de)

Faschingshochzeit bei Schmitz
(eine behutsam modernisierte Büttenrede von **Herbert Ehnle**, der im Jahr 1959 mit 77 Jahren verstorben ist. Er lebte 55 Jahre lang in Köln und gilt als unerreichter Meister der Wortspiel-Büttenrede)

Das war wieder ein erskrassiges Fest der heureichen Wanderkinder, zugleich ein glanztolles Bienale der drei vollen Tage.
Alles, was Samen und Kittel hatte, war in ihren cremeblitzenden Caddiloks erschienen. Prominente Damen erklangen, und des Hundeschüttelns war kein Ende. Unsere Kressefotografen hatten Lochbetrieb.
Die holde Leiblichkeit prunkte in neuesten Pariser Raben — meist schalterfrei bis zum Kabel. Manche trugen neckische Modelltütchen auf ihrem frisch ondu-

lierten Kröpfchen. Bekannte Lodenmannekins tröppelten neckisch auf ihren Pfennigabsätzen, an ihren zartgeluderten Hälschen schimmerten echte japanische Zuchtkerlen.

Einige Hochzeitsgäste kamen sogar in hysterischen Maskenkostümen. Die Herren natürlich alle in Wrack, mit spiegelnden Gackschuhen und dauergewellten Managertöpfen. Der Mastgeber, Negierungslaumeister Schmitzowsky, hatte eine schnelle Barriere gemacht. Sein früherer Schmulfreund und jetziger Sandrat beseitigte alle Schmierigkeiten. Schließlich waren ja beide alte Dämpfer und Karteigenoßen. Schmitzowskys Prunkvilla glich innen dem Ballast eines früheren Wonnenkönigs. In allen Räumen standen trächtige geschwitze Möbel aus echtem Hirschbaumholz. Von der Decke strahlten blitzende Kristallkandelaver. An den mit nassroter Seife bespannten Wänden prunkten echte Lehmbachs und köstliche Rasierungen von Rennomier. Die Kochzeitstafel war geschmückt mit heißen Seerasen und Edelpannenzweigen, dazwischen verstreut kleine Diebesgötter aus Warzipan.

Die Speisefolge: Pudelsuppe – Dachsforellen – panierte Seejungen mit Stagetti – Kalbgefrorenes mit Erdbären. Zu trinken gab es: Würzburger Kocksbeutel und köstliches Nebengold vom Rhein. Etwas später floss der Schamwein in Strömen.

Jeder Gast hatte seine passende Fischdame. Nach dem ersten Fang sprach der Lastgeber und Krautvater mit gutmütigen Tumor: „Meine sieben Gäste! Wir wollen heute hier die Lungernden spießen und die Wurstigen tränken, denn wir feiern ja Pochzeit im fröhlichen Karneval, wo alle Terzen höher schlagen und der Flohsinn triumphiert. Ich will keine lange Rede schlingen, bleiben Sie also ruhig auf ihren Polsterwitzen, erheben Sie nur Ihr Gras auf unser liebes Hochzeitshaar. Profit!"

Zwischen dem Mahl gab's natürlich einige Dunstgenüsse und komische Austritte. Erst spielte ein beriehmter Kompromist auf dem herrlichen Pechsteinflegel ein Moratorium von Händel, später sang dann die bekonnte Kohloratursafranistin Gitta Zündloch von der Warmstädter Oper den Suppenfeewalzer und auf allgemeinen Punsch ein altes Negerziegenlied.

Im gemüdlichen Teil witzelte dann ein behahrter Großpopo über die Krautnacht und Rindersegen in der Ehe. Ein anwesender bekonnter Filmstar vom morddeutschen Runkfunk, genannt der „Schwallplattenkönig", sang mit schmalzendem Tenor zwei Diebeslieder; sodann hielt der Kater der Braut die Nestrede. Er sprach mit belegter Stimme: „Meine verkehrten Restgenossen! Es ist auch für mich ein Ährentag, dass sich meine kleine Sibilla, mein Festhäckchen einen Gatten aus altem Schrott und Korn erkoren hat. Auf einem roten Finkenball trafen sie sich zum ersten Mal und heute feiern wir die Verschmalzung zweier glücklicher Kerzen. Dein Wohl! Mein blindgelocktes Geldkind!" Alle riefen fröhlich lochend: „Dreimal hoch!" Die Glaskapelle schmetterte einen kräftigen Kusch und intonierte anschließend den Krautchor aus Lodengrin". Ganz spät vergnügten noch zwei Gäste als „Tünnef und Schäl" die annullierten Hochzeitsgäste mit anzieglichen Brautnacktwitzen. Dann gab es heiße Kazzmusik für die wanzende Jugend, und alles sang Karnevalschwager, denn es war ja Hosenmontag.

Zu später Stunde kam noch Prinz-Sauer und Jungfrau zu Besuch; die roten Funken wabbelten, dann kam der Abschied. Noch einmal wirbelten Lohnfetti und Lustschlangen durch die klare Hinternacht, dann rollte der Hochzeitsmagen nach dem Süden. Von irgendwo tönte es aus einem CD-Player. Denn enmal nur im Jahr ist Karneval!

Reden für Sport und Sportvereine

Fußball
(unregelmäßiges Versmaß)

Ja, dat Halbfinale Italien – Deutschland
Bringt mich heut noch um den Verstand.
Wie die Azzuris kurz vor Schluss die Dinger reingemacht,
bin ich zum Beckenbauer gegangen un hab gesagt:

„Wie dat geht, han die Italiener kapiert,

dat han se vun dir op de Weihnachtsfeier geliert."

Ach, wie gut, dass niemand weiß, dass du Rumpelstilzchen
heißt.

Und dann kam schließlich noch final der Materatzi-Zinedin-
Skandal.

Keiner hat bis heut kapiert,

wat da wirklich es passiert.

Ich habe Trappatoni getroffen

und gesagt: „Giovanni, jetzt mal ganz offen.

Ich hab gesehen, du warst ganz nah dran,

wat war zwischen deinem Landsmann und Zidane ??

Da meinte er: „Ichete genau gehört,

ichete heute noch verstört.

Gehte Materatzi zu Zizou,

sagte: e, Amigo, höre zu,

du Froschschenkel fressende französische Fratze,

hassete geile Schwester, war mit mir auf Matratze.

Zizou ging weg. Hatte kurz überlegt, dann Kopf an Mate-
ratzis Brust gelegt, runter auf sein Hos gespinxt, ihn
dann freundlich angegrinst und gesagt: „Materatzi,
keine Schwester von Franzose mag Spagetti in der Dose,
besonders, wenn sie klein wie deine. Au revoir, und
spiel alleine. Auf Weiterspiel mit dir ich verzieht, mache
Schluss, ich habe fertig."

Ach, wie gut, dass niemand weiß ...

(Auszug aus einer Rede von **Fritz Schopps**, überaus erfolgreicher Reimredner des Kölner Karnevals.

Seit mehr als 25 Jahren erfreut das „Rumpelstilzche" sein Publikum in Köln und weiter über dessen Grenzen. Schops' Karriere fing – wie die vieler anderer Karnevalisten – im Amateurbereich an. Im echten Leben ist er Lehrer an einer Kölner Gesamtschule, und auf der dortigen Schulsitzung kam er zu seinen ersten Auftritten als märchenhafter Büttenredner. Überhaupt gelten Schul- und Pfarrsitzungen als wichtige Talentschmieden).

Fußball-Weisheiten
(abwechselndes Versmaß, vierfüßig)

Seit es im Fernsehn Fußball gibt,
- x - x - x - x
ist Fußball-Fernsehn sehr beliebt,
- x - x - x - x
obwohl so mancher nicht mal weiß,
warum ein Fußball Fußball heißt.
Drum hat für euch, ihr meine Lieben,
der BERTI VOGTS ein Buch geschrieben,
da hab ich vor, draus vorzulesen,
„DEIN BALL, DAS UNBEKANNTE WESEN".

Der Lederball

Der Lederball, das weiß nicht jeder,
hat innen Luft, und außen (Publikum) – Leder.
Das Leder außen ist vonnöten,
sonst ging die Luft von innen – flöten,
doch anderseits wär ohne Fülle,
das Leder e'ne leere – Hülle.
Der Lederball ist außen rund,
auch das hat seinen guten – Grund,
denn wär das Leder außen eckig,
den armen Kickern ging es – dreckig,
weil dann der Ball, wenn man ihn träte,
nicht richtig kullern tuen – täte,
der würd sich unterwegs erkälten,
ein Kopfball wäre äußerst – selten
und nicht zuletzt aus diesem Grund,
ist selbst ein Eckball außen – rund.

Anpfiff und Abpfiff

Der Anpfiff, der kommt immerhin,
exakt genau zum Spielbeginn,
der Abpfiff findet später statt,
wenn das Vorspiel mal ein Nachspiel hat.

Der Schiri

Der Schiri pfeift als Pfeifenmann,
die Fußballspiele ab und an,

doch hin und wieder pfeift, oh Graus,
das Publikum den Schiri aus,
auch sind die Spieler sehr betroffen,
wenn mal ein Schiri falsch gepfoffen.

Die Schwalbe

Wenn einer wie ein Vogel fliegt,
obwohl er gar nichts abgekriegt,
und schreit nach Pflaster und nach Salbe,
dann macht der Vogel eine Schwalbe.

Das Spielfeld

Das Spielfeld hat seit alten Zeiten,
zwei kurze und zwei lange – Seiten,
ist also praktisch mathematisch,
seitlich länger als qua – dratisch.
Da, wo die kurzen und die großen
Seiten aneinander – stoßen,
entsteht durch den Zusammenschluss,
von Tangens und von Co – Sinus,
am Ende einer jeden Strecke,
ne Spitze - und die nennt man – Ecke.
Damit der Spieler das behält,
ist da 'ne Fahne aufgestellt.
Man sieht, das Spielfeld wird zumeist
von vielen Ecken eingekreist.
Und alles, was da drüber raus,

ist sozusagen alles AUS.
Dann kommt ein langer, schmaler Pfad,
das Linienrichter-Reservat.
Der hält sich stets im Dauerlauf,
in Höhe von dem Leder auf.
Und wenn dann mal von Ost nach West,
ein Ball den Centercourt verlässt,
dann freut der Typ sich wie ein Gimpel,
und wedelt eifrig mit dem Wimpel,
und zeigt den Spielern resolut,
wer Einwurf machen dürfen tut.

Das Publikum

Und um das ganze Drumherum,
da tummelt sich das Publikum,
das regt sich, je nach Spielverlauf,
die einen ab, die andern auf.
Da gibt es außer Patrioten
auch Randalierer und Chaoten,
die kommen meist in großen Massen,
nur um die Sau heraus zu lassen,
in England nennt man diese Fans,
die Haligalli-Hulligans.

Das Tor

Das Tor, das macht mich sehr betroffen,
ist hinten zu und vorne offen.

Das finden viele absolut,
und ökologisch gar nicht gut.
Denn wär der Kasten vorne dicht,
dann brauchte man den Torwart nicht,
und der Verein hätt auf die Art,
'ne ganze Mange Geld gespart.

Der Torwart

Der Torwart, der bewacht das Tor,
mal steht er drin und mal davor,
auch hat er fleißig aufzupassen,
und möglichst keinen reinzulassen.
Ein guter Keeper hat sodann,
bei seiner Arbeit Handschuh an,
damit ihn bei missglückten Taten,
die Fingerabdrück nicht verraten.
Merke: Der Torwart der am meisten hält,
kriegt meistens auch das meiste Geld.

Das Dress

Das Dress – so nennt man die Bekleidung,
dient a) zur Gegnerunterscheidung,
und b) kann man mit solchen Sachen
sehr werbewirksam Werbung machen.
Das heißt, dass der, der das bemalt,
zum Schluss den ganzen Dress bezahlt.
Jedoch verringert sich die Spende

zum unterer Tabellenende.
Insbesondre Alte Herrn,
die sponsert man besonders gern.
Bezüglich Umfang und Vererbung
grenzt sowas oft an Bandenwerbung.
(Dress, kölsch für Mist, Müll, Unrat)

Der Einlauf

Der Einlauf ist für Fußballlaien,
kein Anlass, um sich drauf zu freuen.
Der denkt dabei an ein Dilemma,
mit Nachtgeschirr und Schwester Emma.
Der Einlauf einer Fußballmannschaft
hat damit keinerlei Verwandtschaft.
Wenn dem so wäre, stellt euch vor,
die Spieler bräuchten viel Humor,
eh die sich warm gelaufen hätten,
käm erst der Doktor mit Klistetten,
die Jungs gebückt in Reih und Glied,
und dann erklingt das Deutschlandlied.

Das Abseits

Was längst nicht jeder nie begreift,
warum, wieso man Abseits pfeift.
Darum will zum Schluss ich jetzt probieren,
euch das einmal zu explizieren.
Abseits ist zum Beispiel so

von hinten kommt der Libero,
Der drischt nach vorne einen Pass,
der Torwart denkt: Da tut sich was.
Kommt langsam aus dem Tor nach draußen –
linksaußen lauert ein Rechtsaußen,
der fängt jetzt an zu überlegen,
und eilt dem Ball ein Stück entgegen,
steht plötzlich ganz allein vorm Tor,
er nimmt das Leder – volles Rohr –
da greift der Schiedsrichter zur Pfeife,
siehste – das ist was, was ich nie begreife.
Ich nehme an, dass ihr jetzt wisst,
wie Fußball geht, und was das ist,
dann wär jetzt endlich alles klar,
in diesem Sinn: Hipp-Hipp-Hurra !!!

(von Willi Armbröster)

Ne Sesselsportler

(abwechselndes Versmaß, vierfüßig)

Wie war das Fernsehn doch vordem,

-   x   -   x   -   x   -   x

mit zwei Programmen angenehm,

-   x   -   x   -   x - x

da wurd' nicht lang herumgedruckt,
was ankam, wurd auch angeguckt,
und spätestens um Mitternacht,
wurd dann der Laden dicht gemacht,

dann ginger Müller, Schmitz und Meier,
schön brav und pünktlich in die Heia.
Heut läuf die Kiss rund um die Uhr,
von früh bis spät in einer Tour,
und tut uns pausenlos versorgen,
mit Video-Clips von übermorgen,
und zeigt uns Krimis oder Western,
von Gestern und von Vorvorgestern.
Und pünktlich alle Viertelstunde,
geht dann die Spannung vor die Hunde,
dann bringt die Werbung ihren Krampf
mit Katzenklo und Hundemampf,
und ständig zeigt – wie 'ne Muräne,
die Frau vom Zahnarzt ihre Zähne.
Selbst nachts im Traume ab und zu,
nervt mich die blöde Milka-Kuh.
Kaum sind de Kinder abgenabelt,
sind sie mit Teleshop verkabelt,
und können sich gleich auf die Schnelle,
die ersten Pampers selbst bestelle.
Damit wir jetzt mit allemann
von den Gebühren och jet han,
machen jetz mein Frau und ich
an unserm Kuki Wechselschicht,
und alles was uns intressiert,
wird gleich auf Video kompostiert.
Mein Frau, die sammelt wie en Bien

dat Neueste aus der Medizin.
Sie speichert alles fleißig mit,
vom Husten bis zum Kaiserschnitt.
Allein vom Schwarzwald-Hospital
stehn 100 Videos im Regal,
und von der letzten Ärztetagung,
en Synchron-Blinddarm-Übertragung.
Auch hat sie sämtliches Knoff-Hoff
vom Tupfer bis zum Sauerstoff,
und sucht jetzt krampfhaft überall
nach 'nem gebrauchten Ultraschall.
Jetzt hat sie gestern kurz und bündig
ihr Krankenkasse aufgekündigt,
denn – sollt ihr morgen was passieren,
kann sie sich selber operieren.
Bei Risiken und Unbehagen,
sofort den Pathologen fragen.
Seitdem der Hausarzt mich belehrt,
ein bisschen Sport wär nicht verkehrt,
sitz ich jetzt sportlich wie ein Dino,
tagtäglich im Pantoffelkino,
und halt seit Wochen den Rekord,
im „Fernsehsessel-Leistungssport".
Die Leistungsgrenze liegt bei mir,
bei zwölf bis dreizehn Flaschen Bier.
Dazu beherrsch ich mit Bravour,
die Fernbedienungs-Tastatur,

und komme glatt, wenn ich mich spute,
auf zwanzig Sender pro Minute.
Ob Fußball, Handball, Eishockey,
bei jedem Match bin ich dabei.
Bei Eiskunstlauf und Tanzturnieren
tu ich als Preisrichter fungieren,
und bin inzwischen, dank Premiere,
im Tennis eine Conifere.
Es nimmt mir zwar hier keiner ab,
doch ich, als Coach beim Davis-Cup,
würd ich den Beckers Fuß trainieren,
der Pilic ließ sich pensionieren.
Obwohl ich LIFE, ich muss gestehn,
noch nie nen Tennisball gesehn,
hab ich die Regeln längst gerafft
Nur manches ist mir schleierhaft.
Zum Beispiel so ein Einzel-Match,
von wegen Einzel – alles Quatsch,
so oft ich auch ein Einzel sah,
zumindest zwei waren immer da.
Es kann kein Einzelner allein,
auf einmal vorn und hinten sein.
Doch stehen Zwei auf so 'ner Koppel,
dann ist das praktisch schon ein Doppel.
Doch bei 'nem Doppel sehen wir,
statt zwei Personen immer vier.
Ein jedes Tennis-Spiel-Programm

fängt mit dem ersten Aufschlag an,
und diesen „Aufschlag-Praktizierer",
nennt man beim Tennis den Servierer.
Beim Damen-Tennis-Spielbeginn,
macht dieses die Serviererin.
Auch dauert es oft viel zu lange,
bis so ein Spiel erst mal im Gange.
Erst wird der Ball, eh man ihn flitscht,
so zehn- bis zwölfmal aufgetitscht,
wobei der „Titscher" simuliert,
in welche Ecke er serviert.
Der andre, der jetzt gerne wüsste,
in welche Ecke er gleich müsste,
fängt diesbezüglich in Gedanken
mit seinem „Ragglett" an zu schwanken.
Hat der Servierer sich entschlossen,
dann wird das Bällchen hochgeschmossen,
und dann mit Glück und Gottvertrauen
zum Gegner übers Netz gehauen.
Dabei muss man sich angewöhnen,
möglichst kurz und laut zu stöhnen.
Wenn dann der Ball da drüben ankommt,
so dass der andre nicht mehr drankommt,
und trifft genau die „Linke Gass",
dann gibts ein Tor – das nennt man Ass.
Der Ball, wo dieses mit passiert,
wird als Passierball aussortiert.

Doch hat der Gegner etwas Glück,
dann ballert er das Ass zurück,
dann wird gleich ohne große Worte
aus dem Passierball 'ne Retorte.
Der Kontrahent, der dieses weiß,
der kontert jetzt mit einem – „Schleiss",
und schleisst mit Spinn und Hinterlist,
da wo der andre grad nicht ist.
Auf so 'nen Spinn kommt alles an,
wohl dem der richtig spinnen kann.
Jedoch nicht immer ist ein Spinner,
am Ende auch der Matchgewinner,
denn ist der Spinn ein wenig mau,
dann stets auf einmal: fourty now.
Und fourty-now ist fast dasselbe,
wie fifty-fifty – Halbe-Hälbe.
Jetzt macht der Schiedsrichter zwei Kreuze
und gibt 'nen Einstand, das heisst „DEUCE"
Und spätestens nach jedem Satz,
gehn beide Spieler dann vom Platz,
und beide gucken sie sich dann
die Hundefutterwerbung an,
bis dass die Zahnarztfrau vorbei ist
und dann die Bühne wieder frei ist.
Dann wird so lang drauflos gespinnt,
bis einer von den zwein gewinnt.
Und der kriegt dann zunächst einmal,

'nen Teller oder 'nen Pokal,
des weitren kriegt er ein Kuvert
mit ein paar hundert Tausender,
das steckt er fröhlich in sein Sacco,
und verduftet nach Monaco.
Der andre ist dann übel dran,
weil einer nur gewinnen kann.
Bei permanentem Spielverlüsten,
kommt es gelegentlich zum Frusten,
dann muss man, um die abzubauen,
das „Ragglett" auf den Boden hauen.
Erwähnt sei noch das Publikum,
das sitzt dann um das Ganze rum
und guckt dann während des Gefechts
von rechts nach links, von links nach rechts.
Nur hin und wieder bei 'nem Lop,
nicken alle mit dem Kopp.
Et tut mir leid, ich muss jetzt heim,
denn gleich ist für mich Video-Time.
Mein Finchen wartet schon auf mich
in Hinblick auf die Wechselschicht.
Ich nehme an, dass ihr jetzt wisst,
wie Tennis geht und wat dat ist.
Dann wäre somit alles klar,
in diesem Sinn: Hipp-Hipp – Hurra!

(von Willi Armbröster)

Politisches & Satirisches

Auszug aus dem Vortrag „En Grüne" (1980)
(Hier werden die Versmaße fröhlich gemischt: Anfangs
ein vierfüßiger Daktylus, später vierfüßig abwechselndes Versmaß, dann wieder Daktylus.)

Ja, rot ist die Liebe und gelb ist der Neid,
- x - - x - - x   - - x
Und blau ist ein Zustand, ihr wisst ja Bescheid,
-   x   - - x -   - x   - - x
Und weiß ist die Freude, weiß-blau sind die „Bazi",
Und spricht man vun „Braune", denkt man an die Nazi.
Doch betracht mich, guckt richtig hie,
Es gibt kää schöner Farb' als – „Grie".

Ja, grün ist die Heide und grün der Salat
Und grün ist de Wersching und grün der Spinat,
Und grün ist die Jugend, und grün ist der Lenz,
Grün ist die Natur, grün mache die Gäns'.
Grün, das ist das Neuste – grün ist die Partei,
Und weil se so grün ist, drum bin ich debei,
Und werd' wahrscheinlich, Dame – Herrn,
De erste grüne Kanzler wer'n.
Mit 5 %, plus grüne Männcher,
-   x -x -   x - x   -

Wird dann regiert, da staunt de Genscher!
- x - x - x - x -
Die Kanzlerkapp', ganz ohne Frage,
Wird nur in grellem „Grün" getrage,
Und wer im Parlament so kreischt,
Der grie't gleich die grie Kart' gezeigt.
Der Hammelsprung, da seid ihr platt,
Der find' nur noch im Grüne statt.
So krie'n mir langsam mehr und mehr,
In Bonn 'ne grüne Athmosphär'!
Mir Grüne mir sind keine Rote kää Schwarze,
- x - - x - - x - - x -
Wir setzen uns ein für Sperling und Spatze,
- x - - x' - x - - x -
Wir sind keine Gelbe, wir sind keine Braune,
Wir halten den Maikäfer bei guter Laune,
Was heutzutag vorgeht, gehört doch verbote:
Wir schützen den Holzwurm in seiner Kommode,
Und schwillt alle annern aach noch so de „Kamm":
Jawohl, mir, die Grüne, mir sin uffem Damm!
Wir machen und das ist ganz klar,
Aus der „grie Woch'" ein grünes Jahr.
Wir schalten, und das gab's noch nie,
An jeder Eck' die Ampel grie!
So schaffen wir ganz auf die Schnelle,
Endlich perfekt die „grüne Welle".
Die Bundespost, ich sag's auf Ehr',

Wird grün, mit samt de Feierwehr,
Der Bürger grieht fürs Steuergeld,
Endlich die Färb', die ihm gefällt.

Ob Schwarze, ob Rote, ob grüne Partei,
Schützt Eure Umwelt – sonst ist es vorbei.
Schafft sauberes Wasser, halt' sauber die Luft,
Sonst griehn Mensche und Viehzeug und Grünes de Duft.
Und wenn mir all hopp's geh'n – o welch' eine Not,
Dann sin mer bekanntlich e' Lebe lang t o t.
Und das hot kään Wert nit, drum gebt euch die Müh',
Ich butze die Platt, mit H e l a u und H e l l g r i e !!

(von Hermann Eckert)

„Dat Fimmänchen" (2009)

(Gemischte Versmaße: abwechselnder Versfuß sowie Daktylus, meist vierfüßig, vereinzelt dreifüßige Zeilen. Letztere klingen besonders betont.)

Helau, ihr Narren – aufgewacht
- x - x -   x - x
ab jetzt wird wieder – mitgelacht
- x   - x -   x - x
wird nicht lang drumherum gequatscht
wird manch ein Knallkopp abgewatscht
so wie's dem Jeck bringt gern Plaisier
bleibt närrisch entspannt – dat Fimmännchen ist hier!

So manch einer hier fragt sich jetzt gewiss,
-   x   - -   x'   -   x   -   - x
ja wat denn nur bloß ein Fimmännchen is,
-   x   -   -   x'   -   x   -   -   x
und wieder andere wissen Bescheid,
kennen Fimmännchen aus ihrer Jugendzeit,
da gab's noch ganz locker eins hinter die Ohren,
einen Streich, eine Schelle, 'ne Watsche geschoren.
Meist gar nicht feste, mal härter, mal weich,
auf jeden Fall war danach Zapfenstreich.

Heutzutage da sind wir ja mehr
in diesen Dingen anti-autoritär,
und weil ich ersetze durch Worte die Hand,
werd' ich hier am Rhein et Fimmännche jenannt,
rede frei über alles: Das sind goldene Gaben –
unter dem Motto: Schön, dass wir drüber gesprochen
        haben!

Wer niemals einen Rausch gehabt,
-   x   -   x -   x   - x
ist sicherlich gesund,
-   x -   x   - x
doch wer heut' den Durst mit Vollmilch labt,
-       -   x   -   x   -   x -   x
das ist ein blöder Hund.
-   x   -   x   -   x

Der Butterberg am Milchsee war einst hoch, doch ich
    bedauer,
der Berg ist jetzt ein Tal, in dem die Milch wird langsam sauer,
denn Butter, Käse und die Milch, die wurden super teuer,
und diesmal war's, man glaubt es kaum, noch nicht einmal
    die Steuer.
Japaner und Chinesen sind's, die saufen jetz, mein Jott,
die Milch ganz frisch aus Germany und auch den Joghurt fott,
und dabei könn' die Schlitzis doch die Milch gar nicht
    vertragen
und kriegen es bei dem Genuss davon ganz schön am
    Magen,
die ziehen sich den Krempel rein, obwohl – das ist ein Ding –
die kriegen von der guten Milch ganz kräftige Buck-Ping.
    (*Bauchschmerzen*)
Der Buttermilch, dem Frucht-Quark und dem Kefir tun sie
    trotzen
und dürfen zur Belohnung dann ganz kräftig davon kotzen,
ja, wisst ihr was, ich komm da nur ganz locker ins
    Sinnieren,
wir sollten uns in Asien mal gründlich revanchieren:
Im Gegenzug, da kaufen wir, ich find', das wär' ein Gag,
und kurzerhand dort überall den ganzen Reis mal weg,
dann schauen ziemlich dumm die aus,
soll'n sich aus Milch was backen,
denn uns wird doch von Reis nicht schlecht,
wir könn', bloß schlechter

kammer aber wat gegen nehmen

Am End ist's alles Quatsch, ihr Leut, das werden wir noch
    sehn,

das war bloß die Gelegenheit, den Milchpreis zu erhöhn.

Drum wird die Milch noch teurer, Leut, lasst uns am Altbier
    laben,

bevor die auch den Preis erhöhn – schön, dass wir drüber
    gesprochen haben!

Hammse gehört, im hohen Bogen

ist die Kiewel beim ZDF rausgeflogen

kurz davor ließ sich Kiwi, so weiß man inzwischen,

inflagranti von ihrem Alten erwischen

mit 'nem Kameramann – so 'nem Fernsehgesellen,

der war grad dabei, sie scharf zu stellen,

sie verlor die Familie und auch ihr Gesicht,

bloß Hüftgold und Speckbauch verlor sie halt nicht,

doch das geldgeile Luder, es dachte sich aus:

Wo andre für zahlen, da krieg ich noch was raus,

und aus Johannes B.s Talkshow, wat hab ich gelacht,

hat die 'ne Dauerwerbesendung für ihren Abspeckclub
    gemacht,

dabei ist's so einfach, man muss das nur können,

man braucht doch für Werbung die Firma nicht nennen.

So etwas ist simpel, drum seid jetzt ganz Ohr

und denkt einfach mit, Leut, ich mach euch das vor:

Weil es mir Flügel oft verleiht,

sucht ich 'ne German Kleinigkeit

für meine Frau. Dort, wo der Geiz ist geil,
fand ich die kleinen Preise, weil,
die hassen teuer und ich auch weiß, was Frauen wünschen,
da zog ich los für ein paar Stündchen,
hab überall mal reingeschaut
ich bin ja nicht blöd, so *come in and find out*
beim create*ur d'automobiles* – darum,
da fragt ich nach 'nem *sum, sum, sum,*
denn Besser ankommen ist Das einzig Wahre,
und nichts ist unmöglich, weil ich sare
wir lieben es – und im Falle des Falles
bist du heute ein König – 20 % auf alles
– auf alles außer Tiernahrung –
Na bitte, Gute Preise. Gute Besserung,
 wenn's um Geld geht – Na, da bin ich dabei –
– ist denn scho Weihnachten? – Wir machen den Weg frei.
Also ich Richtung Heimat – und das ohne *lila Pause*,
denn: Wir geben ihrer Zukunft ein Zuhause.
Ich komm an die Haustür, da hängt schon ein Schild:
Verwöhn-Aroma – Achtung: Wild!
Da dachte ich: Oh, welch ein Lohn.
Wohnst du noch oder lebst du schon
Denn auf der Couch lag, sie, wie man's liebt,
wie die zarteste Versuchung, seit es Schokolade gib,
und sprach zu mir, ich hör's noch genau,
nur bonc*h*icked wouwwouw
mein *Fels in der Brandung,* der wurde mit Schwupp

zur längsten Praline der Welt – der mit dem Blubb.
Bitte ein Bit, mehr so dacht ich vor Ort,
Mann, ist der dick-mann, echt ganz großer Sport,
Besser drin. Besser dran, da flüstert sie prompt:
Jetzt ist 9 Monat Zeit, bis *der kleine Hunger kommt* … –
Ja, so geht's doch auch, und sogar mit Spaß,
und am End ist doch alles Müller, oder was?
Jeder weiß jetzt Bescheid oder hat jemand Fragen?
Ja, warum muss man denn 15-mal „Weight Watchers"
    sagen?
Wenn einem so viel Dummheit wird beschert,
dann ist doch wirklich ein Fimmännchen wert,
das wir gern der Kiwi gaben,
schön, dass wir drüber gesprochen haben!
Auch dieses Jahr, da wir ungebrochen
beim Thema Sport zumeist über Doping gesprochen,
da wird doch die Tour de France wie noch nie
halt immer mehr zur Tour de Pippi,
und am Ende manch einer's so schon versteht,
dass es weniger ums Rad-, sondern eher ums Bootfahren
    geht.
Denn Reporter berichten zumeist ganz ergriffen
viel weniger vom Radeln als viel mehr vom Schiffen,
wer alles musste, welcher Dope in ihm steckt,
wer weiter noch mitfährt und wie die B-Probe schmeckt,
und der, der am Ende den Toursieg dann kriegt,
ist halt nicht der Schnellste, bloß der wurd' nicht erwischt.

Wie wär's denn, so frag ich mal ganz ungeniert,
wenn man das Dopen für Profis halt legitimiert,
man spart die Kontrollen, und dann können auf Erden
die Pharma-Konzerne endlich Hauptsponsor werden.
Mit Stimulanzien geht's dann richtig los,
die Ausdauer wird dann riesengroß.
Mit Blutdoping schaffen die auch allerhand
die wer'en schon moderne Vampire genannt,
einen Beutel pro Tag intravenös nicht vermessen,
dürfen nur noch Blutwurst und Panhas fressen,
und dann geh'n die ab wie die Zäpfchen, das kann ich euch
    schwören,
dat die im Ziel noch den Knall vom Startschuss hören.
Die Marathoner laufen, ach was für ein Glück,
kaum sind sie am Ziel die Stecke zurück.
Die Boxer kloppen sich unumwunden
11 Minuten am Stück, davon 20 Runden.
Un beim Triathlon hammse 'nen Riss in der Schüssel,
durchschwimmen se dem Ärmelkanal, fahrn min Fahrrad
    bis Brüssel
und laufen dann munter und frisch wie das Leben
bis zum Ziel in der LTU Arena, wo sie sofort dann ein Inter-
    view geben.
Bei den Schwimmern regeln Peptidhormone
das Wachstum zu so einer Schulterkrone,
und du denkst dann bei dir, wie dat so jeht,
dass vor dir ein Bulldozer mit zwei Greifarmen steht,

kein Arsch in der Hose, doch die Füße fatal
so breit wie die Schwanzfloss vom Buckelwal.
Die Radler bestehen dann nur noch aus Bein,
und ziehn sich locker Steroide ein,
die trampeln wie blöde ob flach oder steil,
denn die sind anabolisch dann dauergeil,
aber die Räder werd'n leichter, das ist doch der Hit,
denn jeder Fahrer bringt Ständer und Stange schon mit,
weil die sich an Testosteronen nur laben.
Schön dass wir drüber gesprochen haben!
Alle wissen ja führwahr,
was mit der Eva Herrmann war,
sie schrieb ein Buch aus ihrer Sicht
mit 'nem Vergleich, man glaubt es nicht,
wohl ziemlich quer macht sie uns klar,
dass früher alles besser war,
die Frau bleibt zu Hause – was heute verdrießt,
in einer Küche mit Kindern die so hoch gefliest.
Dass ihre Sicht schräg war, wollt' sie so nicht sehn,
drum musste bei Kerner sie vorzeitig gehn,
doch dem tut das leid heut, er entschuldigt sich knapp
und gibt obendrein jetzt den Löffel ab
bei Kerners Köche – ja iss et denn drin,
da kann ja dann die Herrmann hin,
dann ist sie da – jetzt guckt ihr verquert –
genau da, wo sie sagt, dass sie hingehört,
am Herd doch man wird ihr was husten.

Schad, dass wir darüber sprechen mussten!
Und vorgestern, ja da klingelt's bei mir,
da steht die Super Nanny vor der Tür
und sagt: Ei, da bin ich, und das ist auch gut,
wo haben Sie denn die verzogene Brut?
Ich sag nur, ich weiß nicht, doch sie rennt ins Haus
und holt sich unsren Kleinsten zum Einzelgespräch raus,
der wird dann am Ende und zu guter Letzt
von ihr auf die Stille Treppe gesetzt.
Da klingelt's schon wieder und vor meinem Haus,
da steht dieser Zwegat und sagt, sie müssen aus den
    Schulen raus.
Ich sag noch, ich wusst' nicht, dass ich welche hab',
da hör ich es scheppern, und das nicht zu knapp,
denn durchs Wohnzimmerfenster, o Schreck und o Graus,
schmeißt die dicke Tine grad unsre Möbel hinaus,
die dann nur noch im Container enden,
denn sie hat Einsatz in 4 Wänden.
Und als sie mich sieht, ruft sie dann bloß:
Jetzt aber raus hier – Sie sind arbeitslos!
Und bei diesen Worten von Tine Wittler
dreh' ich mich um – da steht er vor mir, der Arbeits-
    vermittler,
und ich höre ihn sprechen ein wenig entfernt:
Was, sind Sie Lehrer – na, da haben Sie ja nichts gelernt,
da könnten Sie höchstens …. doch da muss ich raus,
denn da stehen so 200 Leute vorm Haus,

samt Vera Int Veen, ich denk' an 'nen Scherz,
doch sie sagt da sind meine Helfer mit Herz,
und dazwischen seh' ich 'nen Wohnwagen stehn,
man bittet mich, darein zu geh'n,
denn da drinnen sitzt dieser Pflaumen Kai
und hat ein Video von meiner Frau dabei,
die gibt mir 'nen Kuss, einen ganz einen braven,
un sagt: Schatz, steh auf, du bist beim Fernsehn
    eingeschlafen
und hast so laut geschnarcht, sagt sie ganz verschmitzt,
dass unser Kind schon auf der Treppe sitzt,
denn neben dir ist das nicht zu ertragen.
Aber schön, dass wir drüber gesprochen haben!

Ich denk, ich sollte jetzt mal gehen,
Et Fimmännchen sagt auf Wiedersehn,
vieles hätt' ich noch zu sagen,
kritisiern und hinterfragen,
doch ich denk', für heut reicht's hier,
hoff', ihr hatten das Plaisier.
Was den Narren bringt zum Lachen,
dann kann ich den Schluss hier machen
und sie mir Applaus noch gaben,
sag' ich: Schön, dass wir drüber gesprochen haben!
Wir alle sind Deutschland, so taten wir lernen.
Doch von unserer Sprache wir uns stetig entfernen,
sind sprachlich heute eh ganz schnell

und sehr oft internäschenell,
bevor man 'ne Idee hier formt,
da wird zunächst mal braingestormt,
beim come together angeturned,
geredet, bis die Birne burned,
gecastet wird und upgedated,
gestyled, gebrieft und related,
geswitched, gecheckt und eingescannt,
verglichen mit 'nem leading-brand,
wird outgesourced und rangezoomt,
regeloaded, bis das preview boomt,
gehighlighted und dann getopped,
online gestellt und auch geswoppt,,
eingeloggt um jeden Preis,
bloß keine Sau versteht den Scheiß,
statt Briefe schreibst du nur noch Mail,
in jedem Laden ist grad Sale,
kannst Fußball du halt live nicht seh'n,
musst du zum Public viewing geh'n,
ist ein Getränk klein, dann sagst du small,
ist's groß und lang, da heißt das tall,
im Coffeeshop sagst du Hello,
ich hätt' gern eine talle Latte to go.
Wer will das nicht, denkst du gewiss,
un bist fast enttäuscht, dass du 'nen Milchkaffee kriss,
and in the end jou say ganz nett:
It's good, that we have talked about that!

Ja, wer nichts verstanden und steht jetzt im rain,
come after the show backstage and I will explain,
und fülle gern euren Wissens-Graben.
Schön, dass wir darüber gesprochen haben!
Apropos Boykott – ihr Leute,
in der Zeitung liest man heute,
Sauerei hat jetzt fürwahr
einen Namen: Nokia.
Die bauen hier mit unsrem Geld
eine Fabrik, die gut gefällt,
kassieren dafür gar nicht knapp
88 Mios ab,
produzier'n jetzt mit Getose
dafür 'n paar tausend Arbeitslose,
sie den Laden nunmehr schließen
nach Rumänien sich verpissen,
woll'n sie sich, so dreist wie nie,
hört man nur aus Helsinki.
Nur die Kohle wollten schnappen
diese fiesen alten Lappen
und an der Schließung noch verdienen.
Mit düstren, langen Trauerminen
steht Herr Rüttgers nun fürwahr
wie 'n begossner Pudel da,
hat, das macht ihm echten Kummer,
kein Anschluss unter dieser Nummer
bei den Herren, und ich find

dass das echte Schmierlappen sind,

die sich am Leid von andr'en laben.

Schlimm genug dass wir darüber gesprochen haben!

Ich denk ich sollte jetzt mal gehen

Et Fimmännchen sagt auf Wiedersehn

vieles hätt ich noch zu sagen,

kritisiern und hinterfragen,

doch ich denk für heut reicht's hier,

hoff', ihr hatten das Plaisier.

Was den Narren bringt zum Lachen,

dann kann ich den Schluss hier machen

mit dem Resümee, ihr Lütt:

Et es, wie et es, weil et kütt, wie et kütt,

doch ham' wir davor keine Bange,

denn et hätt noch emmer joot jejange.

Ich dank den Applaus, den Sie mir heut gaben.

Schön, dass wir darüber gesprochen haben!

Helau!

(von **Jürgen Hilger-Höltgen**, Düsseldorfer Meister der Reimrede, langjähriger Kommentator des Rosenmontagszuges, begeistert das Publikum etwa als „Schneider-Wibbel" oder in seiner aktuellen Figur als „Dat Fimmännchen".)

Der bergische Löwe

Helau, ihr Narren, jetzt bin ich hier
Düsseldorfs starkes Wappentier

Red' nicht nach dem Munde der Ob'ren und Großen
Ich brüll gerne laut und ich mag mich gern stoßen

an manchen Dingen – alltäglich brisant –
Hier bin ich, Euer Löwe aus dem Bergischen Land!

Ich grüß euch nur kurz und beeil mich ja schon
Denn schnell muss es geh'n in der Turbosession

Und wir liegen damit auch im Trend uns'rer Zeit
In diesem Jahr gibt es halt Karneval light

Vielen Menschen zum Verdruss
mit Schlussverkauf da ist jetzt Schluss

Stattdessen gibt's das ganze Jahr
Angebote wunderbar

Sales und Preishits, die sich lohnen
Werbewochen, Okkasionen

Outletcenter, wie noch nie
Mit 'ner Tiefstpreis-Garantie

Power-Preis weil Preisfachmännig
Mehr für's Geld in Mark und Pfennig

Preisberühmte Sonderposten
Müssen nur die Hälfte kosten

Ausverkauf zu Einkaufspreisen
Alles aber günstig reisen

Billig will ich und noch satt
Kräftig Kartenpunktrabatt

Geiz ist geil, Verarschen blöd
Keiner weiß, wohin das geht

Preise gut und nichts mehr teuer
Spar dich reich: die Mehrwertsteuer

Kriegst geschenkt du wie bekannt.
Was früher noch ein Strafbestand

Ist heut' normal und in wie nie
als 'ne Werbestartegie

So wird Schwarzkauf – unter Hand
auf diese Art legal im Land!

Trägst du 'ne Maske von Herrn Bohlen
Kannst Prozente du dir holen

Siehst du aus wie dieser Popper
Wirkt das wie ein Preise-Stopper

Denn von so 'nem (Arsch) Papp-Gesicht
Nimmt man so viel Kohle nicht

Bist du pensioniert, hast Zeit
Steht ein Staubsauger bereit

Fr 'nen Zehner, den du fasst
Wenn du 'n Rentenausweis hast

Und für jede Rentnerin
Ist eine Maschine drin

Die zum selben Preise dann
Auch noch Kaffee machen kann

Auch Nicht-Rentner solln nicht verlumpen
Die könn' sich dort 'nen Rentner pumpen

Ein Fernsehn auf die Art du kri'st
Wenn du hochnot schwanger bist

Bei Männern reicht da in nature
Ein richtig sattes Pilsgeschwür

Und hast du noch 'nen Pudel bei
Gibt's ne CD gratis frei

Ganz gleich für Madams oder Misters
Die großen Hits der Jacob Sisters

Und kommst du nächste Woche dann
An einer Kaufhauskasse an

Und siehst dann im Vorübergehn
Dort Leute in der Reihe stehn

Mit Slip undHose überm Arm
Dann ist es denen nicht zu warm

Die kaufen für 'nen Fuffi dann
'ne Video Cam'ra günstig an

Doch diese ist halt nur beschieden
Allen Leut' mit Hämorriden

An sich find ich die Sache fein
Ich möchte bloß kein Kassierer sein

Und die Aktion zeigt uns dann harsch:
Die Preise sind total im Eimer

Aus dem wir noch die Sahne schlürfen
Wie schön, dass wir das noch erleben dürfen!

(von Jürgen Hilger-Höltgen)

Was es mit dem Bergischen Löwen auf sich hat

Kraftstrotzend, wehrhaft und mit scharfen Krallen geseg-net – das ist der Bergische Löwe. Er ist das Wappentier der Herzöge von Berg, die vom 11. bis ins 19. Jahrhundert hinein in der Politik des Rheinlands ein gewichtiges Wort mitzureden hatten. Seit dem 17. Jahrhundert ziert der Bergische Löwe, der übrigens dem Betrachter die Zunge herausstreckt (ein Schalk, wer Böses dabei denkt), auch das Wappen von Düsseldorf. Bis dahin trug das Stadt-wappen aus Verbundenheit zur Rheinschifffahrt nur einen Anker. Die heutige gebräuchliche Form des Stadt-wappens entstand in den 40er Jahren und zeigt den auf-gerichteten, blaugekrönten Löwen der Herzöge von Berg, der mit seinen Krallen einen blauen Anker umfasst.

Der Bergische Löwe ist auch der Namenspatron des in Düsseldorf hergestellten weltberühmten Löwensenfs. Dem König der Tiere sagt man eine Stimme wie Donner-hall nach. Nach Jürgen Hilger-Höltgens Auftritten als Bergischer Löwe kann man also zu Recht sagen: Gut ge-brüllt, Löwe!

Wahlzeit
(Versmaß: vierfüßig abwechselnd)

Wenn die Renten wieder klimmen,
x   - x - x - x -
und man sammelt Wählerstimmen,
x - x -   x - x -
und wenn oben die Banausen
leiden unter „Muffensausen",
und wenn Rat und Bürgermeister
eilen rum mit Leim und Kleister,
und, um sich zu profilieren,
Stadt und Dörfer tapezieren,
wenn man öfters dich lädt ein
zu 'nem Bierchen oder Wein
oder gar zu einer Mahlzeit –
dann ist Wahlzeit!

                         (von Willi Armbröster)

Late Night
Harald Schmidt: Hallo! Ich sage Jaaaa! … zu deutschem Wasser meine Damen und Herren! Wir suchen heute Abend den Traummann des Jahres!
Viele werden jetzt fragen: Wer oder was ist ein Traummann? Gerhard Schröder?

Obwohl ich habe gelesen: Seit Rot-Grün wiedergewählt wurde, ist die Geburtenrate in Deutschland gestiegen. Ich habe zuerst gedacht: Hoppla, ist Udo Jürgens schon wieder auf Tournee? Sie alle kennen Udo Jürgens – die singende Prostata aus Österreich!!!

Heute Abend in meiner Silvester-Late-Night-Ausgabe ist zu Gast: unser Ex-Bundeskanzler Gerhard Schröder. Herr Schröder, Sie lieben Frauen, und die Frauen lieben Sie, wie stehn Sie dazu?

Gerhard Schröder: Ich hab das letzte Woche gesacht, ich sach das diese Woche: Ich bremse auch für mollige Frauen. Ich mag mollige Frauen. Ich weiß, viele mollige Frauen haben Probleme mit ihrer Kleidung. Meine Damen ich kann Sie heute trösten: Ich weiß, wie schwierig es ist, Übergrößen zu kaufen. Das erleb' ich nahezu jeden Tach, wenn ich mir meine Kondome hole! Hähähähäh … Übrigens, ich verwende nur schwedische Kondome der Marke Pipi Langstrumpf! Ich find' das gut, und das bleibt auch so!

Harald Schmidt: Mein nächster Gast ist der große alte Mann der CDU, Helmut Kohl! Er ist der Mann, der von sich gesagt hat: Die Farbe des Geldes ist mir egal: Hauptsache schwarz!

Herr Kohl, ich habe heute eine ganz private Frage an Sie!

Kohl: Also, ich sag nix!

Harald Schmidt: Das wissen wir doch alle. Die Frage ist absolut privat!

Kohl: Nein, von mir hören Sie nix mehr!

Harald Schmidt: Bitte Herr Kohl – nur eine Frage!

Kohl: Also gut, aber nur eine!

Harald Schmidt: Viele Abgeordnete im Berliner Reichstag haben im letzten Jahr behauptet die Akustik sei dort sehr schlecht?

Kohl: „Ja, jetzt wo Sie es sagen – (schnüffelt) – jetzt riech' ich es auch!"

Harald Schmidt: Wir kommen nun zu einem Mann, auch er hat sich längst vom Bundestag verabschiedete! Sein Deckname war: Die Augenbraue. Denn er konnte mit seinen Augenbrauen die Sonnenklappen von seinem Auto runterlassen. Theo Waigel!

Waigel: Nun, wir von der CSU Fraktion haben nur eine Frage an den Ex-Bundeskanzler! Herr Schröder, haben Sie 15 Sekunden für mich Zeit?

Schröder: Ich hab' das vor der Wahl gesacht – ich sach' das nach der Wahl! Für dich hab ich immer 15 Sekunden Zeit, Theo!

Waigel: Das ist schön, dann kannst du mir ja alles erzählen, was du über Politik weißt!

(von Bernd Händel)

Herbert Hisel „Jou werkli"

Sie, ich bin ein Rindvieech! Jou werkli! Gestern hat mi mei Frau gfrocht, hats gsacht: Herbi! Hab er mer denkt: Herbertla, Vorsicht. Wissens, immer wenn mei Fraa Herbi zu mir sacht, nou wills was. Hat's gsacht: Stell dir mal vor, was wäre ein Leben ohne mich? Hab i gsacht: Billiger!

Sie, des hätt ich net soong solln. Etz läss sie sich scheiden. Aber des is inn. Sugor der Karl Lagerfeld hat si scheiden lassen. Aber des wundert mich net. Wennst jeden Fröih neber an Skelett mit Sunnerbrilln und Pferdeschwanz aafwachen doust. Is ja a net grad as Gsündeste, gell. Dou sixt ja net a mal a Gsicht. Apropo Gsicht: Etz gibt die tollsten Sachen, souch ich Ihnen.

Etz gibt's Geldautomaten, dou hältst dei Gsicht vor den Automaten hie, nou gröichst dei Geld. Jou werkli! Dou brauchst ka Karten mehr! Des klappt aber a net immer. Neili is die Claudia Schiffer ungeschminkt an den Automaten hie − nou hats der Angela Merkel ihr Konto abgraamt, gell. Is ja net gra es Gsündeste, gell! Aber wenn des Geld dann ausn Automaten heraus is. Nou kannst eikaafen. Jou werkli.

Ich war eikaafn: Unterhosen hab i kaafn dürfen sollen. Der Verkäufer hat mich gfroucht: Herr Hisel kennen

Sie das Geheimnis einer deutschen Unterhose? Hab i gsacht: Nein: Hat er gsacht: Eine deutsche Unterhose muss sauber sein! Hab i gsacht: Die ersten drei Dooch scho! Jou werkli.

(mit dieser Rede parodiert Bernd Händel den bekannten fränkischen Humoristen Herbert Hisel †)

Protokoll
(Versmaß: vierfüßig abwechselnd)

Was is e Protokoll, ihr Leit?

-    x - x   - x   -   x

Ein Rückblick auf vergang'ne Zeit?

-    x   -   x - x   -   x

Ein Überblick auf das, was da

Und hier und dort so all geschah? –

Und selbstverständlich auch zum Lache

Gedanke sich und Versjer mache!

Zum Beispiel von moderner Kunst,

der mer ewe so viel strunzt;

Wo Räder mer duht 'samme schweiße,

Die dann so in- und um sich kreise! –

Der Mainzer Stadtrat war so gnädig,

Hat aufgestellt so ää Kinetik,

Was so viel heißt wie selbstbewegend,

Dess Ding ist zwar nicht weltbewegend,

Das hier in Määnz wie das so geht,

In ääm der viele Brunne steht,
Sich alsfort dreht! Wenn es sich dreht,
Doch steht, wenn der Motor nicht geht,
Der's drehe soll, eh's widder steht,
Doch der geht manchmal nit, wie bleed,
Weil öfter ihm die Luft ausgeht;
Un wenn dann, wenn's sich gar nit dreht,
En Fremde vor dem Monstrum steht,
De Kopp verzückt nooch obbe dreht,
Un wart, bis dass es widder geht,
Doch weil's nit geht – halt widder geht,
Un dabei voll Enttäuschung se(h)t
Es hieß doch, dass dess Ding sich dreht,
Ja, halte die ääm fer bleed
Ei, Himmel Arm und zugenäht!
Und wenn der fort – un es mach „klacks"
Und's dreht sich widder um soi Achs,
Jedoch der Fremde kam umsunst:
Seht, das nennt man „Moderne Kunst!"

(von Karl Heinz Franko)

Zwischenmenschliches

Der Junggeselle

Ich bin eingefleischter Junggeselle, obwohl ich diesen
Plan nicht seit frühester Jugend hatte. Erst später reifte
dann in mir der Entschluss. Wobei: Ist doch logisch,

man nimmt ja auch keinen Sand mit an den Mittel-
meerstrand? Und wenn man jeden Tag Filet essen kann,
verspeist man ja auch kein Gehacktes, oder?

Deshalb bleibe ich den Traditionen meiner Familie
treu: Mein Großvater war nicht verheiratet, mein Vater
war unbeweibt, und wenn ich mal genügend Kalk
angesetzt habe, dann ziehe ich einfach zu meinen Kindern!

Das ist doch das große Naturwunder, wir Junggesellen
heiraten nie und sterben doch nicht aus, denn durch
den „Ehereif" wird man Ehe-reif, und aus der Göttin
wird nur eine Gattin.

Es heißt ja auch: Prüfet alle und behaltet die Beste! –
Ich habe noch viele Prüfungen vor mir!

Ich suche ja schon lange eine hübsche, alleinstehende
Mitgift, aber das ist das ewige Missverständnis. Der
Mann sagt: „Ich liebe dich." Und sie antwortet nur:
„Ja, du darfst mich heiraten!"

Manches Mädchen wäre ja mein Ideal, aber wenn ich
sie heirate – dann habe ich ja kein Ideal mehr! Außerdem sind ja die meisten modernen Mädels wie ein
Osterei: außen gefärbt und innen ausgekocht!

Kein Philosoph kann die Liebe erklären, aber jeder
Trottel kann sie fühlen. Ich habe sie gefühlt! – Aber
deshalb gleich heiraten? O nein! Denn die meisten
Frauen haben zwei Hosen an, nämlich die vom Ehemann auch! Einmal konnte ich Mutter und Tochter

heiraten. Da hat mir die Mutter von der Tochter und die Tochter von der Mutter abgeraten.

In jeder Ehe gibt es doch immer vier Geschlechter: Sie ist weiblich, der Freund männlich, das Kind sächlich und der Ehemann nebensächlich!

Vor der Hochzeit empfängt uns eine Frau mit offenen Armen, später nur noch mit offenem Portemonnaie!

Jedenfalls: Viel leichter ist es, zehn Frauen zu besiegen, als eine einzige wieder loszuwerden. Schon der bekannte Glockendichter Schiller sagt in seiner Jungfrau von Wallenstein: Ehret die Frauen, sie weben und flechten falsche Locken unter die echten!

Auch ein rheinischer Volkssänger Rhein, ich glaube, Willi Ostermann war's, der sagte: Die Ehe ist eine Reise ins Glück, aber der Mann ist nur der Gepäckträger!

Sind zwei junge Leute klug, bleibt es bei einem Verhältnis, ist sie klug und er dämlich, wird eine Verlobung daraus, und sind alle beide dumm, dann entsteht ein glückliches Ehepaar!

Deshalb behaupte ich immer wieder: Die Frauen sind die Sommersprossen in unserem sonnigen Dasein, sie sind die gefüllten Schokoladenringe an unserem Weihnachtsbaum, sie sind die ewig gespielte CD auf der HiFi-Anlage der Ehe, sie sind unsere tägliche Nahrung, und sie liegen uns bis an unser Lebensende im Magen!

Ich habe bis jetzt in meinem Junggesellendasein nur eine Frau kennengelernt, die mir die Reinheit des Lebens verbürgt hat, die mir jahrelang die Brust gestärkt hat zu neuen Taten, die die Falten von mir vertrieben hat und die mein Aussehen regelmäßig verbessert hat – und das war die Frau aus der Reinigung!

(modernisierte Rede eines unbekannten Autors, vermutl. aus Köln)

Der arme Ehemann

Da heißt es immer: „Auf die Frauen ist kein Verlass!" Ich kann Ihnen nur sagen: Auf die Männer aber auch nicht. Denn wären meine Vorgänger nicht so früh gestorben, wäre ich auch nicht: der dritte Mann. Ich hätte mich nach der Trauung am besten begraben lassen sollen. Bereits in der Hochzeitsnacht sagte meine Frau: Mein erster Mann war aber viel feuriger als du! Ja, sage ich, der hat auch im Kernkraftwerk gearbeitet und ich auf der Schlittschuhbahn.

Gestern meinte sie, wenn ich so nebenan den Müller sehe, der zärtlich zu seiner Frau ist! Wenn er geht, gibt er Küsschen, und wenn er wiederkommt, gibt er Küsschen. Warum machst du das eigentlich nicht? Ich sage, bist du verrückt, ich kenne die Frau doch gar nicht!

Kürzlich sagte ein Freund zu mir: Sag mal, da hast du aber eine Schreckschraube geheiratet. Was, sage ich, eine Schraube, ich bin deren dritter Mann, das ist ein Hubschrauber! Darauf sagte er: Hat die eigentlich keine

Angst vor Gespenstern? Wieso, sage ich, die sieht sich doch den ganzen Tag im Spiegel!

Dass es so kam, habe ich bereits früh gewusst; denn das hatte mir ein Hellseher gesagt. Er meinte, hüten Sie sich vor der Heirat; denn dann werden Sie unter Geldmangel zu leiden haben. Ja, sage ich, was ist denn später? Später haben Sie sich daran gewöhnt!

Meine Frau hat aber auch immer was anderes. Einmal kommt sie und sagt, sie müsste eine Brille haben, sie könnte nicht mehr gut sehen. Ich sage: Das ist Blödsinn, du musst nur Möhren essen, immer Möhren essen. Ja, meinte sie, ist das denn gut für die Augen? Ja, sage ich, hast du denn schon mal ein Kaninchen mit 'ner Brille gesehen? Aber ein Gehör hat die, ein Gehör! Wenn ich mal aus der Kneipe spät nach Hause komme, muss ich mich schwer in Acht nehmen, die hört sogar das Barometer fallen!

Schlimm ist immer, wenn meine Frau alleine in Urlaub fährt – dann muss ich mich selber bekochen. Letztes Mal habe ich mir Spaghetti gemacht. Ich habe dann fünf Pakete davon ins Wasser geschüttet und gekocht. Ehrlich, ich habe ja nicht gewusst, dass das so viele Nudeln ergibt! Ich hatte die ganze Küche voll Spaghetti und überhaupt keinen Teller mehr frei. Acht Tage habe ich Spaghetti gegessen, und von dem Rest lasse ich mir jetzt einen Pullover stricken!

Als meine Frau von der Reise zurückkam, brauchte ich acht Tage nicht mehr zu sprechen. Als sie eine Pause einlegte, sagte ich zu ihr: Weißt du, was mir an unserer Ehe am besten gefällt? Nämlich, dass du mit mir genau so hereingefallen bist wie ich mit dir!

Dieser Tage sagte sie zu mir: Du musst unbedingt zum Finanzamt. Ich sage: Warum denn? Darauf meinte sie: Wegen deiner Veranlagung. Ich sage: Was geht die meine Veranlagung an? Darauf meinte sie: Oder soll ich mitgehen? Um Gottes willen, sage ich, wenn die dich sehen, muss ich auch noch Lustbarkeitssteuer bezahlen? Als ich zum Finanzamt kam, fragte mich der Pförtner: Sind Sie geladen? Ich sage: Lieber Mann – und wie! Als ich an der richtigen Stelle gelandet war, sagte der Beamte zu mir: Ich vermisse das Vermögen Ihrer Frau. Was Sie nicht sagen – ich auch! Als ich nach schweren Kämpfen das Finanzamt verließ, das Haus der modernen Christenverfolgung, und der Fahrer der Straßenbahn mich kommen sah, rief er in den Wagen hinein: Bitte einen Sitzplatz – für einen Schwergeschädigten!

Zum Schluss aber rufe ich euch nun allen zu: Eine Frau zu haben ist wundervoll, denn ich wüsste nicht, was ich tun sollte, wenn sie mir nicht sagte, was ich tun müsste!

(nach Karl Schmitz-Grön, behutsam modernisiert)

Hobby & Beruf

Errare lapsus est, futschikato monumento mimosa! Das ist Latein und heißt übersetzt: Dem Mimen ficht die Nachwelt keine Lorbeerkränze!

Künstler sein und werden ist nicht so einfach! Wenn man heute nicht vor Dieter Bohlen auf dem Kopf steht, mit der dicken Zehe Gitarre spielt und dazu aus voller Kniekehle das Morgenlied an den Abendstern singen kann, dann bleibt man ewig Statist, das heißt, man ist mittendrin und hat doch nichts zu sagen.

Beim Film ist das noch schlimmer. Da muss man reiten, fechten, schwimmen und fliegen können; jeden Monat muss man wenigstens einmal geschieden werden, ein wundervolles, nichtssagendes Gesicht, wenig Geist und viel Protektion haben, dann kann man es sogar bis zum Weltstar bringen – wie ich am Theater.

Eines Tages sagte ich zu dem Direktor: „Ach, ich habe so eine große Liebe zu den Brettern!" Da meinte der nur: „Na, mein Sohn, dann werde doch Tischler!" Später wurde ich doch engagiert für Chlor und keine Rollen – nee, für Chor und kleine Rollen. Die Tageseinnahme wurde redlich geteilt, und was übrig blieb, das kriegte ich!

Einmal sagte unser Heldendarsteller zu mir: „Du bekommst am nächsten Ersten von mir fünfzig Cent, wenn du den Kritiker, der mich gestern so verrissen hat, ordentlich verhaust." Unser Heldendarsteller war nämlich früher Zahnarzt gewesen, und da hatte der Kritiker geschrieben: „Der sogenannte Heldendarsteller heißt Max Wurzel, und wir lassen ihn schmerzlos zieh'n!"

Nachdem ich sämtliche erst- und zweitklassische Theaterstücke von Schiller bis Ruckzuckmeier in- und auswendig konnte, frug ich meinen Direktor: „Wann bekomme ich endlich eine tragende Rolle?" Sagte der nur: Hier steht der Müll …"

Am nächsten Tag wollte der mich foppen und frug mich, ob ich wüsste, wer Don Carlos war?"„Ja, klaro, sagte ich, (ab hier zügig vortragen) *„Don Carlos war der Sohn eines reichen italienischen Großgrundbesitzers namens Monchichi und Lucatoni. Später wurde er Infanterist in Spanien unter dem General von Gallenstein, der nachher in der hohlen Gasse von Frans Moorleiche ermordet wurde, weil er den Abfall der Niederlande aufgefressen hatte! Durch die Kabale und Liebe eines gewissen Sekretärs Wurm, der früher ein Bankier in Hosen war, vergiftete er die Maria von Stuttgart, seine gewesene Braut von Messing, und stürzte die Jungfrau von Orleander bei Leverkusen in die Nordsee! Und obwohl er Infanterist war, nannte man ihn Infant – das schreckliche Kind.*

Ab diesem Tage sprach mein Direktor kein Wort mehr mit mir, so erschüttert war er. Später bekam ich dann doch tragende Rollen. Einmal durfte ich sogar einen Blumentopf tragen, und in der Genoveva musste ich die Hirschkuh machen. Da haben sie mich acht Tage lang mit Heu gefüttert, damit ich mich an die Rolle gewöhne. Ich sagte: „Das soll mir alles egal sein, aber Milch gebe ich keine!"

Das war überhaupt ein blödes Stück. Im zweiten Akt muss die Genoveva auf den Ritter zugehen und dabei sagen: „Fass mich nicht an! Ich bin nackt unter meinem Mantel! So du mich anfassest, lass ich den Mantel fallen!" Denken Sie, dieses Rindvieh von Ritter hätte die einmal angefasst? Und das Publikum wartete jedes Mal so sehnsüchtig darauf! Später bekam ich doch größere Rollen; leider versprach ich mich sehr oft dabei. Einmal musste ich sagen: „Ha! Wie mir mein Busen bebt!" Da sagte ich: „Ha! Wie mir mein Besen bubbert!" Mein Direktor brüllte mich an: „Menschenskind! Sie wollen Schauspieler sein! Ein Sauspieler sind Sie! Ein halbes Kotelett interessiert Sie mehr als der ganze Hamlet, und ein Nordhäuser Korn ist Ihnen wichtiger als der gesamte Tannhäuser!"

Unser Klimbim-Theater ist niveauloser als Big-Brother, der Komödienstadel und „Holt mich hier raus, ich war ein Star!" zusammen — das merkt man auch an den dämlichen Zuschauern, die sich laufend mit dummen Kommentaren in die Handlung einmischen. Einmal musste ich als König Richard III. auf der Bühne sagen: „Ein Königreich für ein Pferd!" Da rief einer von den billigen Plätzen: „Reicht nicht auch ein Esel?" „Doch", sagte ich „kommen Sie mal runter!"

(nach Herbert Ehnle, behutsam modernisiert)

Taxifahrer
(Taxifahrer betritt unaufgefordert die Bühne und fragt:)

„Hot hier vielleicht jemand e Taxi bestellt? Nit! Do konnich jo e bissje do bleibe!"
Also jeden nemm ich ja sowieso nit mit.
Nein, ich such mir mei Fahrgäst aus – jawoll!
Also am liebste sin mir die, die hier fremd sin, un mer nit dauernd uff mei Taxi-Uhr gucke, wenn ich emol en klääne Umweg fahr!
Wisse se, bei so nette Leit, ei do loss ich doch gleich die Kupplung ganz anners komme!
Das hab ich nämlich so gern bei Einheimische:
Mir erzähle wolle, wo se wohne – und wie mer am kerzeste da hie kimmt!
In solchen Fällen verhalt ich mich, wie so manche Partei in Berlin nach de Wahle: Ich lass' die Leut' erst emal einsteige, sie wern dann schon merke, wo's langgeht!
Also, wenn Sie mal dess Glück habbe sollte, von mir chauffiert zu wem, dann wird ihne gleich auffalle, dass bei mir im Wage Ordnung herrscht! Gleich vorne, wenn mer einsteigt, ein großes Schild: Rauchen verboten!!
Und mit diesem Rauchverbot verhält's sich wie mit den Spar-Appellen von Politikern: Es gilt für alle, nur nit fer mich!

Also wisse se, wenn ich mir die Entwicklung der Benzinpreise betracht, dann werd ich mich bald dazu entschließe müsse, mei Fahrgast heim zu trage. Dass kimmt nämlich billiger!

Denn wenn mir Taxifahrer die Benzinkoste voll uff die Preise umlege, werd dess zu teuer! Fer dess Geld könne die Leut ja fast ein öffentliches Verkehrsmittel benutze!

Die Mainzer Verkehrsbetriebe zum Beispiel oder die Bahn! Früher war das mal unsere Konkurrenz! Ja, das war ein Ding! Könne Se sich noch erinnern? Die Bahn im Intercity-Rausch! Deutschland im 2-Stunden-Takt! Sogar die Kellner in de Speisewage halte sich daran gewöhnt: Alle zwei Stund warn se mal taktvoll!

Also ganz wichtig für uns Taxifahrer is, was man für ein Auto fahrt.

Ich hab mir jetzt einen Japaner gekauft. Mit allem Drum un Dran. Ein tolles Ding!

Fer dess Geld hätt ich höchstens en halbe Mercedes, krieht. Abber was soll ich mime halbe Mercedes, do sitze jo die Leit so unbequem drin!

Ein Wort noch zu den Damen! Da sitze se jetzt un zittern. Einmal im Jahr derfe se fahr'n: Wenn de Babba nach Sitzung nit mehr fahr'n kann! Meine Damen, trinke se ruhig noch e Gläs'je un fahrn se nachher mit mir.

Un wenn se zum Beispiel in Weisenau wohne, dann
zeich ich Ihne mal, wie mer von hier über Mombach,
Gonsenheim Bretzenheim, Hechtsheim auch nach
Weisenau komme kann.
Also dann bis nachher!
Abber halte se die Daume, dass es kää Glatteis gibt I
Nacht: Do fahr ich nämlich hääm!

(von Horst Seitz)

Theorie und Praxis
(Versmaß: vierfüßig abwechselnd)

So mancher schafft das Abitur,
- x - x - x - x
mit Gaudeamus igitur.
- x - x - x - x
Doch dann entscheiden sich die Geister:
der wird Pastor, der Bürgermeister,
Den Musensohn zieht's zu den Bühnen,
den Demorstranten zu den Grünen,
und die, die sonst für nichts Talent,
die werden Medizinstudent.
Von denen dann die Spezialisten,
die Hobbyklempner und Sadisten,
die machen sich im Lauf der Zeit
dann irgendwo als Zahnarzt breit.
Man braucht dazu als Inventar

'nen Liegestuhl mit viel Trara,
des weiteren ne Bohrmaschine
und am Empfang 'ne kesse Biene.
Dann fehlen nur noch ein paar Kunden
mit Zähnen – möglichst ungesunden,
um so aus deren Unbehagen
Profit und Kapital zu schlagen,
um größere und kleine Lücken
mit Zahnersatz zu überbrücken,
und Reste, die sich kaum noch lohnen,
mit Porzellan zu überkronen.
Was sich in so 'nem Institut
ansonsten alles macht und tut,
das will ich euch in bunten Bildern
anhand von einem Beispiel schildern.
Da kommt zum Beispiel ein Patient,
die linke Hand am Kopf geklemmt,
mit seitlich quer verstellten Backen,
als wäre er am Nüsseknacken,
und der, bevor er hat geklingelt,
ne Stunde schon das Haus umzingelt.
Er sagt der Mieze am Entree,
da oben links, der tut mir weh,
ich halt' das einfach nicht mehr aus,
ich jonn kapott, dä muss eraus!
Er hofft durch diese Schilderung
auf Mitleid und auf Milderung.

Doch deren Sorge ganz allein
gilt erst einmal dem Krankenschein.
So wird gleich einwandfrei geklärt,
zu welcher Kaste man gehört.
Private Kunden-Prominenz
hofiert man links zur Audienz,
die andern, von der Krankenkasse,
die schickt man rechts zur „Breiten Masse",
die, je nach Zugang nummeriert,
in Halle 13 vegetiert,
um so, umringt von seinesgleichen,
zwei Stunden erst mal einzuweichen.
Dann kommt der schaurig schöne Satz:
Nummer neunzehn, nehm' se Platz!
Ein süßes weißes Kammerkätzchen
verpasst dem Gast ein Schlabberlätzchen,
und dann erscheint der „Weiße Riese"
zunächst einmal zur Expertise.
Ei, ei, ei, wen ham wer da?
Nummer neunzehn – AOK!
Er schiebt die Lampe etwas rüber
und geht alsdann zum Angriff über.
Er lächelt dazu maliziös,
links Zwei und Drei, leicht kariös,
der Vierer ist mit angegriffen,
das kriegen wir noch beigeschliffen,
der Drei – rechts oben – hat ein Loch,

das heben wir auf für nächste Woch.
Kommen wir jetz' nach unten links,
das sieht ja schlimm aus, allerdings.
in fünf Minuten ham se Spaß –
dann isser draußen – wetten, dass!?
Schon naht das Unheil mit zwei Spritzen,
da kommt der größte Held ans Schwitzen,
und selbst die tapfersten Titanen
entwickeln sich zu Schrumpfgermanen,
und ganz allmählich rutscht das Herz
samt drumherum hinunterwärts.
Aus der Tiefe klingt ein Flehn:
Lass diesen Kelch vorübergehn!
Die Reaktion ist nicht von Pappe:
Machs Maul auf, Junge, halt die Klappe.
Nach fünf Minuten ist's geschehn,
der Zahn ist raus, der Mann kann gehn,
mit Shakehands tut er sich bedanken,
dann sieht man ihn nach draußen wanken.
Links unten hat er jetzt ein Loch
und nen Termin für nächste Woch.

(von Willi Armbröster)

Ne Camping-Einsteiger
(Versmaß: abwechselnd vierfüßig)

Es gibt nichts Schöneres auf der Welt
- x - x - x - x
als Camping in enem Campingzelt.
- x - x - x - x
Wer so wat sagt, der tut mir leid,
kennt nicht die wahre Wirklichkeit
und hat im Leben garantiert
noch nie so 'n Dingen installiert.
Wir hatten uns esu e Zelt,
beim Quellmann Großversand bestellt.
Ein Super-Sonder-Angebot,
Typ „Trautes Heim im Abendrot".
Allein der Quellmann-Katalog,
ein Traum von einem Bilderboch.
Dat Zelt, dat sah so prächtig aus,
war fast so groß wie 'n Opernhaus.
Für 90 Mark der ganze Braten,
bei 36 Monatsraten.
Doch wat dann kam – war ein Paket,
einszwanzig lang und zwanzig breet.
Da drin e Stückche Plastikplan,
so dick wie Einmachs-Celophan,
dann jede Menge Alu-Rohr,
das kam mir gleich verdächtig vor,

denn jede Stang im dem Gestänge,
hart in der Läng en andre Länge,
und von dem „Luftmatratze-Mädche",
noch nit ens e Visitekäätche.

Da schwante mir so das Gewisse,
dä Quellmann hätt uns schön bedrisse. (*bedrisse = besch ...*)
Hab' vorsichtshalber vor dem Start
erst mal 'nen Probelauf gemacht
und hab versucht, mit Gottvertrauen,
das Zelt im Garten aufzubauen.
Das Chaos war schon programmiert,
von Stange A durch Öse C
und zieht die Lasche XP3,
diagonal nach Stange 2.
Dann wird der Haken Nummer 8,
an Nippel 13 festgemacht,
und mittels Hering B – Strich 7
schräg in das Erdreich reingetrieben.
Mein Frau hat erst einmal geschluckt,
und dann im Kühlschrank nachgeguckt,
denn Hering B, so fiel ihr ein,
kann nur ein Bismarckhering sein.
Normalerweise steht da immer,
en janze Kump met denne Dinger.
Jetz lag da nur en Tütt Rosinen
und e Döschen Ölsardinen.

Da dachte ich: Warum auch nich??
Schnaps is Schnaps – und Fisch is Fisch.
Jetz weiß ich nicht, ob ihr all wisst,
wie flutschig so 'n Sardinchen ist,
denn wenn ich daach: Jetz hauste drop,
flupp – wor Sardinchen widder fott.
Et hat erst halbwegs funktioniert,
nachdem ich se hab tiefgefriert.
So 'n Zelt so richtig aufzuschlagen,
dat ist en Kunststück sozusagen,
und echte Profis für zu zelten,
die findet man nur ganz, ganz selten.
Höchstens 25 Stück,
gibt's in Bundesrepublick,
und davon wohnen 20 Mann
bei uns zu Hause nebenan.
Nun ist ja Solidarität
zur Zeit schwer in und up to date.
Et hatt kein viertel Stund gedauert,
da kam die Mannschaft angepowert.
Jeder hat wat unterm Arm,
en Schupp, en Sääch, 'ne Katzendarm,
en Wasserwoog, e Grammophon,
en Litersflasch Mariacron,
'ne Kasten Kölsch natürlich auch,
wat mer beim Zelten all so brauch.
Dat war dann bald en Atmosphäre,

als hätt der Zirkus Renz Premiere.
Alles rannte wie die Hunne,
durch Kappes, Schloot un decke Bunne,
   (*Kappes = Kohl, Schloot = Salat*)
und einer von dem jecke Hoofe
wor Entrettskaate am Verkoofe.
Als unser Tipi endlich stund,
da ging die Show erst richtig rund,
denn einer wollt partout probieren,
ene Hängeschrank zu installieren.
Nun findet man in Campingzelten,
Hängeschränke äußerst selten,
auch Bilder, Spiegel und Kalender,
geschweige denn en Sechzehnender.
Da brauch man Nägel oder Dübel,
und da sind Zelte sehr sensibel.
Das kommt, weil Zelte primitiv sind,
und alle Wände dünn und schief sind.
Dann gibt es Löcher oder Risse,
dann biste ganz schön opjeschmisse.
Da hilft kein Spachteln oder Kleben,
auch Gipsen geht total daneben.
Schon gar nicht Schweißen oder Löten,
dann geht der ganze Dachstuhl flöten.
Will man Zelte reparieren,
hilft nur von außen tapezieren,
und wenn man dann um dat Paket

noch runderum en Kordel dreht,
hat man die gleiche Dioptrin
wie just der Reichstag in Berlin.
Nachdem wir dann mit unserm Clan,
mit Tapezieren fertig waan,
ham die dann rund um das Geviert
nen Wassergraben installiert,
ein Meter tief, ein Meter breit,
für 20 Mann en Kleinigkeit.
Se sagten uns, das müsste sein,
sonst lief uns immer Regen rein,
und zweitens könnt uns nix passieren,
mit Räubern oder wilden Tieren.
Nachdem der Graben dann vollbracht,
war großes Richtfest angesagt.
Mit Fackelzug und mit Parade,
und use preisjekrönte Jaade, (*Jaade = Garten*)
verlor de Rest von singem Glanz,
beim Zillertaler Hochzeitstanz.
Jetzt hat der Kachelmann seit Wochen
von einem Island-Tief gesprochen.
Dat hat inzwischen unversehrt,
die Eifelhöhen überquert,
und ausgerechnet grade jetz',
kommt dat von Westen anjewetz.
   (*anjewetz = angelaufen*)
Jeschlossen stürmte der Verein

met alle Mann in et Zelt erein,
dann machten se von drinnen disch,
und draussen stand – mein Frau und ich.
Der Regen wurde immer doller,
der Wassergraben immer voller,
die Tapete immer schwerer,
die Flaschen drinnen immer leerer,
und aus dem Zelt tönt ein Choral,
Hohe Tannen – Rübezahl.
Nun ist ein tapeziertes Tipi,
bei Regen ausgesprochen Pipi.
Von „Trautes Heim – Glück allein"
kann dann nicht mehr die Rede sein.
Dann wird aus so 'ner Pellerine,
auf einmal eine Duschkabine.
Die Sache mit dem Heringsstipp
war auch ein äußerst blöder Tipp.
Nachdem die Fischlein aufgetaut,
war auch die Spannkraft völlig out,
und lautlos flutschte Hering B,
im Rückwärtsgang durch Öse C,
von Stange A nach Schlaufe O
diagonal nach Stange zwo.
Sie kennen das vom Domino,
und das große Schubidu
neigte sich dem Ende zu.
Noch einmal klang's von drinnen raus:

„Maria, breit den Mantel aus",
dann schwammen Zelt und Sängerknaben,
samt Hängeschrank im Wassergraben.
ET BUNGALOW EM H20,
IN SPIRITUS SANCTUS DOMINO.
Am andern Tag vor unserm Haus,
sah alles trist und traurig aus.
Wo mer hinguck Wassermasse,
wie ein Schwimmbad fünfter Klasse.
Im WDR wod dann jemeldt,
Taifun verwüstet Bayernzelt,
und im Express 'ne ganze Seite,
„Neuer Fall von Schürmann-Pleite".
Ein Philosoph hat mal gesagt,
Humor ist, wenn man trotzdem lacht,
Mer halten et met de Philosophe,
mer laachen och, wenn mer nix verkoofe.
Doch eins steht fest,
verlasst euch drauf,
beim Quellmann wird nichts mehr jekauf.

(von Willi Armbröster)

Ne zerstreute Professor

Meine sehr verehrten Kommilitonen!

Sie erinnern sich: Bei meiner letzten Lektion sprachen wir aber den Sinn und Unsinn des schizophrenen Blödsinns beim eineiigen Pavian.

Heute kommen wir zu einem weiteren interessanten Individuum, dem mehr oder weniger intelligenten Zweibeiner, oder wie der Lateiner zu sagen pflegt: dem HOMO SAPIENS VULGARIS. Ich bitte um Aufmerksamkeit – bitte, nicht mitschreiben!

Hier haben wir zunächst den HOMO AGRARIS CAPUSTUS, den Landmann oder Feldmenschen. Der Feldmensch steckt seit eh und je voller Geheimnisse und rätselhafter Eigenarten. Bemerkenswert ist seine strikte Abneigung gegen jegliche Art ihm unbekannter Küchenerzeugnisse. Schon der Volksmund sagt: Wat dä Buur nit kennt, dat frisse nit! Merken sie sich also: Deutsche Bauern essen nie – Pizza und Cevapcici!

Schon zu Zeiten des großen Bauernaufstandes, des MAXI-MUS-CRAVALLUS BONANZA, machte der damalige Ortsbauernführer Walther von der Wahner Heide, der Vater des schwenkbaren Dreschflegels, eine sensationelle Entdeckung, er stellte fest: De dümmste Buure han de deckste Äädäppel! oder wie der Lateiner zu sagen pflegt: ÖKONOM NIXUPETODATES HABENT MAXIMUS POTATES!

Ich werde ihnen das Ganze etwas näher erläutern: Der wirtschaftliche Erfolg des gewöhnlichen Landmenschen steht im umgekehrten Verhältnis zu seinem geistigen Vermögen.

Verlassen wir den Feldmenschen und begeben uns zum HOMO HORIDORIS CONIFERUS, dem Jäger oder Waldmenschen.

Hier haben wir a) den HORIDORIS FLINTUS ELEGANTUS, auch SONNTAGSJÄGER genannt. Gekleidet nach GUTSHERRENART, findet man ihn meist im dichten Unterholz auf der Pirsch nach weiblichem Jungwild. Bei Misserfolgen kommt es oft zu sonderbaren Kettenreaktionen. Der FLINTUS ELEGANTUS wirft seine Flinte ins Korn, nimmt Abstand von seinem Anstand, sucht sich eine Waldschenke als Unterstand, gibt einen Einstand, vergrößert seinen Pegelstand mit Unverstand und gerät in einen geistigen Rückstand. In diesem Zustand begibt er sich mittels Kopfstand und Handstand nach Hause zu seinem Vorstand. Hier kommt es dann zu einem Aufstand und einem akuten Notstand um seinen Fortbestand!

Ein Vetter des Sonntagsjägers ist der Schürzenjäger. Der HORIDORIS PAPGALLUS HOLLADRI. Mit stets schussbereiter Flinte wildert er mit Vorliebe in fremden Revieren und erlegt alles, was ihm über den Weg läuft. Sein Motto: Lieber ein Spatz in der Hand, als ne Eule im Bett!

oder: Wer zweimal mit derselben pennt, gehört schon zum Etablissement!

Zu erwähnen wäre noch der Pöstchensjäger, der SPE-KOLI-NUS POSTULATUS PEDALUS, und der KAMMER-JÄGER, der MIKROBIS KACKERLACKUS EXITUS. Verlassen wir den HOMO HORIDORIS und begeben uns zum HOMO PROMILLUS SPIRITUS PINTUS, dem Kneipenmenschen oder auch Thekenschlumpf. Er lebt nach dem Motto: Lieber Feste feiern als feste arbeiten, in der kleinsten Wirtschaft gibt's mehr Spaß als in der allergrößten Fabrik. Schon der bekannte angelsächsische Histeriker William Sechsbier zitierte zu Lebzeiten: A little Drink in the morningtime, is better as den ganzen Tag gorkein! Wie schon der Name PINTUS besagt, findet man denselben meistens in Stehbierhallen, Pinten und Destillen. Ganz im Gegensatz zu ihm der PRO-MILLUS SCHAMPUS ELEGANTUS, der EDELPROMIL-LUS. Seine Devise: Lieber reich und gesund, als krank und arm. Oder wie der Lateiner sagt: LEVER ONASSIS FIDELITAS als TETANUS GASTRITIS LAZARUS!

Zur Paarungszeit, in der Carnevalitis, trifft sich der SCHAMPUS FIDELIS mit Hunderten von Artgenossen beim sogenannten PARLAMENTUS-HUMORIS-COCOLORES, sprich Karnevalssitzungen. Hier kommt es dann zu sonderbaren Ritualen. Auf ein Zeichen des Präses LARIFARI erhebt sich der SCHAMPUS, stellt sich auf die Hinterbeine, klammert sich rechts und links an seine Artgenossen und verfällt in einen wiegenden Schaukelrhythmus. Von Zeit zu Zeit stößt er heisere Alaaf-Rufe aus. Diese Alaaf kommt vermutlich aus dem angelsächsischen „Alaaf you". Dieses Verhalten erinnert uns wieder an den Sinn und Unsinn des schizophrenen Blödsinns beim eineiigen Pavian. Somit sind wir wieder bei der Urzeit gelandet. Apropos Uhrzeit – es ist Zeit zur großen Pause. In der nächsten Stunde sprechen wir über das Balzverhalten der tibetanischen Tempelziege. Ich danke Ihnen für ihre Aufmerksamkeit!

(von Willi Armbröster)

Bibliographie

Willi Armbröster: e Büttche Bunt, Typisch Kölsch, und Böön-sche Tön, Vorträge für fast alle Gelegenheiten. Niederdollendorf o.J.

Willi Armbröster: vum Draachefels bis Kölle. Niederdollendorf o.J.

Willi Armbröster: Und das nicht nur im Karneval. Niederdollendorf o.J.

Assenmacher/Euler-Schmidt/Schäfke: 175 Jahre ... und immer wieder Karneval. Köln: Bouvier 1997

Rolf Braun: Wolle mer 'n eroilosse? 60 Jahre Mainzer Fassenacht. Mainz: v. Hase & Koehler 1996

Festkomitee Kölner Karneval, Kölner Narrenspiegel & Kölner Karnevals-Ulk. Köln, div. Jahrgänge

Hildegard Brog: D'r Zoch kütt! Die Geschichte des rheinischen Karnevals. Bergisch Gladbach 2000

Christina Frohn: Der organisierte Narr. Marburg 2000

Christina Frohn: Karneval in Köln, Düsseldorf, Aachen. Bonn (Dissertationsarbeit) 1999

Jürgen B. Hausmann: Spül, mir das Lied vom Tod. Männer im Haushalt und andere Dramen. Bergisch Gladbach 2008

Wolfgang Hippe: Alaaf und Helau. Die Geschichte des Karnevals. Essen 2007

Marc Metzger: Rampensau. Aus dem Tagebuch eines Büttenredners. Köln: Kiepenheuer & Witsch 2008

Günter Pössiger: Das große Reimlexikon. München: Heyne 2006

Willy Steputat: Reimlexikon. Stuttgart: Reclam 2009

A. M. Textor: Sag es treffender. Hamburg: rororo 2002

Nützliche Internetadressen zu Karneval & Büttenreden
www.buettenrede.net
www.koelnerkarneval.de
www.comitee-duesseldorfer-carneval.de
www.mainzer-fastnacht.de
www.franken-wiki.de/index.php/Fränkische_Fastnacht
www.bloetschkopp.de
www.juergen-beckers.de

Katrin Höfer

Das passende Zitat für jeden Anlass

Witzig und geistreich

Mit praktischem Schnellsuchsystem

Von Adam Riese bis Frank Zappa

humboldt – Information & Wissen
320 Seiten
14,5 x 21,5 cm, Broschur
ISBN 978-3-86910-003-6
€ 12,90

Witzig und neu: Mehr als 1000 starke und anspruchsvolle Sprüche und Zitate – geordnet nach diversen Kriterien. In 8 verschiedenen Registern kann man suchen: Verfasser, Stichwörter, Bibelzitate, Asiatische Zitate, Lateinische Zitate, Politiker, Stars, Philosophen. Zitate von der Antike bis heute.

- Für originelle Reden, Briefe, E-Mails, Gästebücher u. v. m.
- Witziges, Scharfsinniges und Nachdenkliches
- Einzigartiges Suchsystem

Die Autorin

Katrin Höfer ist Lehrerin, Buchautorin, Redenschreiberin und Journalistin. Seit mehr als 10 Jahren sammelt sie anspruchsvolle Sprüche aus allen Bereichen für verschiedene Anlässe wie Geburtstage, Taufen, Jubiläen, Eröffnungen, Preisverleihungen …

www.humboldt.de   Stand März 2011. Änderungen vorbehalten.

Peter Köhler

Die besten Zitate der Politiker

Mehr als 1.000 prägnante Sprüche

Geistreich und kurios

2., aktualisierte Auflage

humboldt – Information & Wissen
328 Seiten
12,5 x 18,0 cm, Broschur
ISBN 978-3-89994-192-0
€ 9,90

Politiker haben viel zu sagen: Wegweisende Worte, treffende Aussprüche, prägnante Formulierungen, aber auch so manche kuriose Randbemerkung. Dieses Buch zitiert die besten Politikersprüche – hauptsächlich aus dem 20. Jahrhundert. Eine echte Fundgrube!

- Mehr als 1.000 prägnante Zitate
- Von A bis Z nach Themen sortiert, mit Register und Personenindex

Der Autor
Peter Köhler lebt als Journalist und Schriftsteller in Göttingen.

Roland Leonhardt

Die passende Anekdote zu jedem Anlass

Witzig und geistreich

Für Reden, Small Talk und vieles mehr

humboldt – Information & Wissen
216 Seiten, 12,5 x 18 cm, Broschur
ISBN 978-3-86910-013-5
€ 9,95

Werden Sie der Star des Abends! Glänzen Sie mit einer amüsanten Geschichte zur rechten Zeit! Eine Anekdote lockert auf, begeistert Zuhörer und schafft eine positive Atmosphäre. Mit Witz und Verve vorgetragen, wird jede Rede oder jeder Small Talk zu einem Erfolg.

- Geistvolle, lehrreiche und zugleich witzig-pointierte Anekdoten
- Von berühmten Schriftstellern, Künstlern, Musikern, Wissenschaftlern

„Jeder wird hier etwas nach seinem Geschmack finden. Nun gilt es, sich die Sinnsprüche genau einzuprägen. Und schon kann man bei jeder Gelegenheit Da Vinci und Tolstoi zitieren. Für einen Abend auf der Couch einer beliebigen deutschen Talkshow wäre man damit auf jeden Fall gerüstet." *trendjournal.de*